Katharina Hutter

Salzburger Bäuerinnen kochen

Einfach gute Rezepte

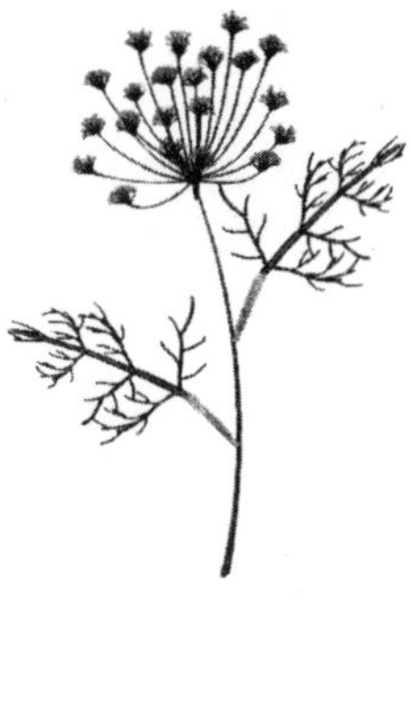

Edition Löwenzahn

Amraser Straße 118, A-6020 Innsbruck
e-mail: order@studienverlag.at
homepage: www.loewenzahn.at

3., überarbeitete Auflage 2003

Satz: Hell
Fotografien: Maria Ziegelböck
Umschlag: Karin Berner nach Entwürfen von Günther Thöni
Druck: Druckerei Theiss GmbH, A-9431 St. Stefan (A)

Gedruckt auf umweltfreundlichem, chlor- und säurefrei gebleichtem Papier.

Vorwort

„Essen und Trinken hält Leib und Seele zusammen“, lautet eine alte Lebensweisheit. Essen und Trinken sind ein Teil des Kulturgutes, sie beeinflussen das Wohlbefinden und die Gesundheit. Darüberhinaus fördern sie auch die Gemeinschaft. Die bäuerliche Küche ist eng mit Tradition, Brauchtum und Kultur verbunden. Die Vielfalt unserer Speisen ist etwas Besonderes.

Auch bei Gästen aus dem In- und Ausland sind Spezialitäten aus dem Salzburger Land beliebt. Typische Gerichte wie Preßknödel, Kasnocken, Schöpsernes, Farfeln oder Braten sind allgemein bekannt. Jeder Bezirk hat zudem seine eigenen Spezialitäten.

Mein Dank gilt den Ortsbäuerinnen aus dem ganzen Land, die ihre Rezepte weitergegeben haben, sowie der Autorin Katharina Hutter für die Erarbeitung dieses Buches.

Ich lade Sie ein, Rezepte aus unserem Kochbuch zu probieren, und wünsche gutes Gelingen.

Ihre Landesbäuerin Aloisia Fischer

Die Salzburger Küche bevorzugt Lebensmittel, welche aus dem Land kommen. Wir spüren - vorallem auch in der Gastronomie - eine Rückbesinnung auf das Einfache, Bodenständige und Regionale. Neben traditionellen Gerichten sind im Salzburger Land genauso neuzeitliche, leichte Gerichte anzutreffen. Aus einfachen Lebensmitteln wie Mehl, Eier, Milchprodukten oder Erdäpfeln werden phantasiereiche, geschmackvolle Köstlichkeiten gekocht. Die Rezepte in diesem Kochbuch sind so vielfältig und abwechslungsreich wie die Salzburger Landschaft. Ich will Ihnen zeigen, daß man mit heimischen, der Jahreszeit entsprechenden Produkten, vollwertige, schmackhafte Gerichte zubereiten kann. Die Verwendung heimischer Qualitätsprodukte - zum Teil direkt vom Bauernhof - geben den Speisen eine besondere Note. Der Grundsatz „Nicht alles zu jeder Zeit, sondern alles zu seiner Zeit" hat besonders in der regionalen Küche seine Bedeutung. Wir sollten uns wieder verstärkt auf die Ursprünge der Lebensmittel besinnen und wieder mehr im Rhythmus der Jahreszeiten leben. Die Aufteilung des Buches in die einzelnen Gaue soll Ihnen auch einen Einblick in die kulinarischen Besonderheiten geben.

Ich möchte allen danken, die für das Zustandekommen dieses Buches beigetragen haben:
der Kammer für Land- und Forstwirtschaft in Salzburg mit der Landesbäuerin Aloisia Fischer;
den Ortsbäuerinnen und Bäuerinnen aus dem ganzen Land für die Zusendung der Rezepte;
meiner Sekretärin, Irene Pitter, für das Schreiben mit dem Computer;
meiner Schwester Julie Hutter und Frau Andrea Wimmer für das Ausprobieren der Rezepte;
der Edition Löwenzahn für die gute Zusammenarbeit;
dem Land- und Gastwirt Thomas Huber für die gute Beratung und Unterstützung;
einfach allen, die mitgeholfen haben, daß dieses Buch nun vor Ihnen liegt.

Dieses Kochbuch soll Genießern und Köchen das Backen und Kochen noch leichter machen. In diesem Sinne lade ich Sie ein, Rezepte auszuprobieren, und wünsche Ihnen gutes Gelingen.

Katharina Hutter

Abkürzungen

KL	Kaffeelöffel
EL	Eßlöffel
Msp.	Messerspitze
Pkg.	Packung

Die Mengen sind, wenn nicht anders angegeben, für 4 Personen.

Inhaltsverzeichnis

Pinzgau

Suppen & Vorspeisen

Hauptspeisen

Nachspeisen

Lungau

Suppen & Vorspeisen

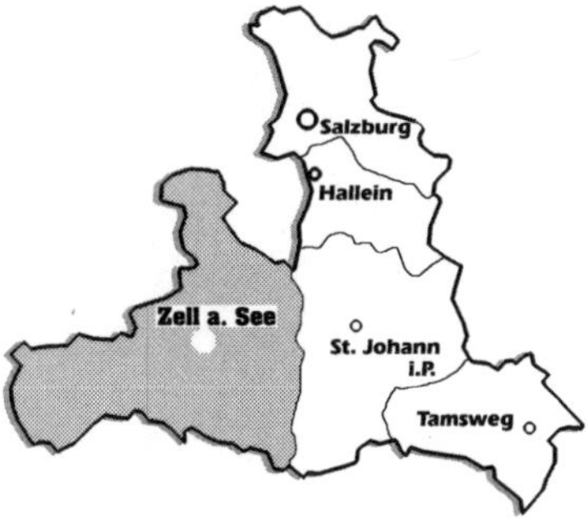

Pinzgau - Land inner Gebirg

Die Kost der Pinzgauer Bauern wurde von dem bestimmt, was das rauhe Klima der Hochgebirgslandschaft gedeihen ließ: Getreide, Erdäpfel, Fleisch- und Milchprodukte. Fleisch gab es nur an Sonn- und Feiertagen. Der größte Teil des Fleisches wurde geselcht, gekocht und als Knödelfleisch verwendet.
Mittags, besonders im arbeitsreichen Sommer, gab es meistens „Schmalzkost“ (Krapfen, Kiachl, Rohrnudeln, Bladl, ...), abends „Wasserkost“ (Knödel) oder Milchspeisen. Milch süß oder sauer genossen war schon immer ein wichtiger Bestandteil der Nahrung.
Pinzgauer Käse, geräucherter Schotten, Ruabkraut, Erdäpfelnidei mit Sauerkraut, Farfeln, Muas, Germkrapfen, Wetzstoannudl oder Preßknödel waren typische Gerichte, die am Bauernhof auf den Tisch kamen.
In der heutigen Zeit ist es sicherlich unmöglich, sich nach den Speiseplänen aus der Zeit unserer Vorfahren zu richten. Die Rezepte wurden daher abgewandelt und den heutigen Ernährungskenntnissen und Gewohnheiten angepaßt. So können wir traditionelle Pinzgauer Gerichte als gesunde Bereicherung in unseren Speiseplan aufnehmen.

Suppen & Vorspeisen

Brezensuppe

Brezen blättrig schneiden, würfelig geschnittenen Käse verteilen, würzen, mit kochender Suppe übergießen - dadurch schmilzt der Käse. Die Suppe muß von den Brezen aufgesaugt werden. Reichlich braune Butter und viel Schnittlauch darübergeben.

Diese Suppe wird eigentlich als Hauptspeise mit grünem Salat gegessen.

6 ungesalzene Brezen
1/4 l Suppe
25 dag Pinzgauer Käse
Salz
Knoblauch
10 dag Butter
Schnittlauch

Brennsuppe

Mehl in heißer Butter bräunen, unter ständigem Rühren mit Wasser aufgießen, würzen und 5 Minuten leicht kochen lassen.

5 dag Butter
8 dag Mehl
1 l Wasser
Salz
Kümmel
Lorbeerblatt

Porreesuppe

- 1 EL Butter
- 1 mittelgroßer Porree
- 1 Karotte
- 2 Erdäpfel
- 1 l Wasser
- Salz
- Pfeffer
- Petersilie
- 2 EL Sauerrahm
- 1 EL Mehl
- Schnittlauch

Ringelig geschnittenen Porree, kleinwürfelig geschnittene Karotte und Erdäpfel in Butter leicht anrösten, mit Mehl stauben, aufgießen, würzen und eine halbe Stunde leicht kochen. Zum Schluß mit Sauerrahm verfeinern und mit Schnittlauch bestreuen.

Gurkensuppe

- 1 EL Butter
- 1/2 Zwiebel
- 2 Erdäpfel
- 1/2 Salatgurke
- 2 EL Petersilie
- Salz
- Pfeffer
- 1 Eckerl Doppelrahmkäse
- 1 l Wasser oder Suppe

Feingehackte Zwiebel in Butter anrösten, aufgießen, würfelig geschnittene Erdäpfel und Gurke beimengen, würzen und weichdünsten, Streichkäse beimengen und alles pürieren. Zum Schluß Petersilie untermischen.

Man kann anstelle der Gurke auch Bärlauch nehmen.

Sellerierohkost

Sellerie und Birnen schälen, grob raspeln, mit Salz, Essig und Sauerrahm vermischen. Zum Schluß gibt man gehackte Walnüsse zum Salat, vermischt alles sehr gut und richtet alles auf marinierten Salatblättern an.

30 dag Sellerie
2 Birnen
10 dag Walnüsse
Salz
4 EL Sauerrahm
Essig

Speckfarfeln

Kleinwürfelig geschnittene Zwiebel und würfelig geschnittenen Speck anrösten. Gekochte Erdäpfel (am besten vom Vortag) grob reiben, Zwiebel und Speck, Salz, Pfeffer, gehackte Petersilie untermengen, Eier einmengen und soviel Mehl beigeben, daß ein fester Teig entsteht. Mit einem Löffel Nockerl formen und in Salzwasser kochen. Die Farfeln in Rindsuppe mit Schnittlauch bestreut servieren.

Diese Suppe wird oft als Hauptspeise gegessen. Dazu reicht man Salat oder auch gedünstetes Sauerkraut.

20 dag Speck
5 dag Wurst
1 Zwiebel
2 große Erdäpfel
3 Eier
20 dag Mehl
Salz
Pfeffer
Petersilie

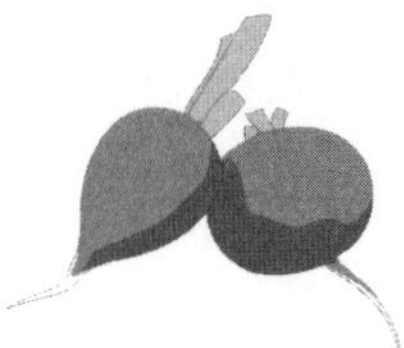

Pinzgauer Gerstlsuppe

10 *dag* Selchspeck
1 Zwiebel
1 *l* Wasser
12 *dag* Rollgerstl
10 *dag* Sauerkraut
Salz
Pfeffer

Kleinwürfelig geschnittene Zwiebel und Speck anrösten. Rollgerstl beimengen, mit Wasser aufgießen, würzen. Sauerkraut beimengen und auf kleiner Flamme langsam köcheln lassen.

Man kann auch geselchte Ripperl mitkochen.

Tomaten mit Schafkäse

50 *dag* Tomaten
25 *dag* Schafkäse (Weichkäse)
Salz
Pfeffer
Basilikumblätter
4 EL Öl

Feste Tomaten in Scheiben schneiden, auf Teller anrichten, würfelig geschnittenen Schafkäse verteilen, mit Basilikumblättern bestreuen, salzen und zum Schluß mit kaltgepreßtem Öl beträufeln. Mit Butter und Vollkornbrot servieren.

Hauptspeisen

Pinzgauer Kaspreßknödel

30 dag Erdäpfel
30 dag Pinzgauer Käse
30 dag Mehl
1 EL Petersilie
2 KL Salz
Milch nach Bedarf
Butterschmalz zum Backen

Am Vortag gekochte Erdäpfel grob reiben, würfelig geschnittenen Pinzgauer Käse, Salz, feingehackte Petersilie und Mehl untermischen. Milch nach Bedarf (ca. 1/4 l) beigeben. Es soll ein fester Teig entstehen. Laibchen formen, in heißem Butterschmalz auf beiden Seiten braun backen.

Die „Kasnudel" kann man nun gleich mit Salat essen oder man kocht sie in Salzwasser auf und serviert sie mit Schnittlauch bestreut.
Die Kaspreßknödel sind sehr gut zum Einfrieren geeignet.

Nudelteller Rot-Weiß-Rot

- *25 dag Bandnudeln*
- *3 dag Speck*
- *30 dag Faschiertes*
- *3 EL Paprikapulver*
- *1/4 l Suppe oder Wasser*
- *1 roter Paprika*
- *Salz*
- *Pfeffer*
- *Thymian*
- *1 Knoblauchzehe*

Speck kleinwürfelig schneiden, anrösten, Faschiertes mitrösten, würzen, aufgießen, Paprika kleinwürfelig schneiden, beifügen und 30 Minuten dünsten. Bandnudeln in Salzwasser bißfest kochen, auf Platte anrichten, Sauce so anrichten, daß ein rot-weiß-roter Nudelteller entsteht.

Dazu reicht man geriebenen Käse und gemischten Salat.

Überbackener Karfiol

- *2 Karfiolrosen*
- *4 dag Butter*
- *4 dag Mehl*
- *1/4 l Milch*
- *1/4 l Wasser*
- *2 Dotter*
- *Saft von 1 Zitrone*
- *15 dag Schinken*
- *2 EL Brösel*
- *4 EL Parmesan*
- *2 EL Butter*
- *Salz*
- *Pfeffer*
- *Muskatnuß*

Die kernig weichgekochten Karfiolrosen in eine bebutterte Auflaufform geben, würfelig geschnittenen Schinken verteilen, mit Bechamel übergießen, mit Brösel und Parmesan bestreuen, Butterflocken draufgeben und im Rohr bei 180°C 15 Minuten überbacken.
Für die Bechamel Butter zergehen lassen, Mehl beimengen und gut verrühren, mit einem Gemisch aus Milch und Wasser aufgießen, verkochen lassen, würzen mit Salz, Pfeffer, Muskatnuß und Zitronensaft, kurz überkühlen lassen und mit den Dottern binden.

Fieselbohnen

Die Schoten der Saubohnen (Pferdebohnen) werden in Salzwasser weichgekocht, abgeseiht und in einer großen Schüssel zu Tisch gebracht. Jeder muß nun die Bohnen aus der Schote „fieseln".

Dazu werden gerne frische Heurige (Erdäpfel) gegessen und Sauermilch getrunken.
Das Fieselbohnenessen erfreut sich großer Beliebtheit. In den Bauerngärten werden wieder vermehrt Saubohnen angebaut.

Bettelmandlgulasch

- 1 EL Butterschmalz
- 2 Zwiebeln
- Salz
- Pfeffer
- Paprikapulver
- 1 Lorbeerblatt
- Majoran
- Kümmel
- 5 Erdäpfel
- 1 l Wasser
- 30 dag Braunschweiger oder sonstige würzige Wurst
- 1 EL Mehl zum Binden

Würfelig geschnittene Zwiebel in Butterschmalz anrösten, würfelig geschnittene Erdäpfel dazugeben, aufgießen, würzen und kochen, bis die Erdäpfel weich sind. Nun gibt man die würfelig geschnittene Wurst dazu und bindet das Gulasch mit einem Mehlteigerl.

Anstatt der Wurst kann man auch 2 Paar Frankfurter, blättrig geschnitten, und 2 Essiggurken nehmen.

Erdäpfellaibchen

- 1 *kg mehlige Erdäpfel*
- *Salz*
- *Pfeffer*
- *eine Prise Muskatnuß*
- 10 *dag Schinken*
- 10 *dag Speck*
- 2 *Dotter*
- 1 *Zwiebel*
- 2 *Knoblauchzehen*
- 1 EL *Petersilie*

Am Vortag gekochte Erdäpfel mit dem Reibeisen grob reiben, mit dem würfelig geschnittenen Speck und Schinken, der fein gehackten Petersilie, der kleinwürfelig geschnittenen Zwiebel, den Dottern und den Gewürzen vermischen. Abschmecken und Laibchen formen. Die Laibchen auf beiden Seiten in Butterschmalz goldgelb backen.

Dazu paßt ausgezeichnet eine Schüssel gemischter Salat.

Topfenlaibchen

- 10 *dag Schinken*
- 4 EL *gehackte Kräuter (Petersilie, Schnittlauch, Basilikum, Majoran)*
- 50 *dag Magertopfen*
- 3 *Eier*
- 6 EL *Brösel*
- 1 *Zwiebel*
- 2 *Knoblauchzehen*
- 2-3 EL *Mehl*
- *Salz*
- *Pfeffer*

Zwiebel, Schinken und Knoblauch kleinwürfelig schneiden und leicht anrösten. Topfen mit den Eiern verrühren, würzen, die restlichen Zutaten beimengen. Laibchen formen und auf beiden Seiten in Butterschmalz goldgelb braten.

Pinzgauer Schottnockn

Aus dem Mehl, Salz und Wasser einen Nockenteig zubereiten, mit dem Nockerlsieb in kochendes Salzwasser einkochen, abseihen und gut mit kaltem Wasser abschrecken. Zwiebel kleinwürfelig schneiden und mit dem feingeriebenen Schotten in Butter goldbraun anrösten. Nocken dazugeben, salzen, gut durchmischen und mit Schnittlauch bestreut in der Pfanne servieren.

Dazu reicht man grünen Salat oder ein Glas Milch.

- 40 *dag* Mehl
- Salz
- Wasser
- 10 *dag* Butter
- 1 Zwiebel
- 1 Kegel geräucherter Schotten
- Schnittlauch

Jaganockn

Aus Mehl, Salz, Ei und Wasser einen Nockenteig bereiten, in Salzwasser kochen, abseihen und mit kaltem Wasser abschrecken. Fein würfelig geschnittene Zwiebel und würfelig geschnittenen Speck in Butter anrösten, Nockerl dazugeben, salzen, den würfelig geschnittenen Käse untermischen. Mit viel Schnittlauch bestreuen und in der Pfanne servieren.

Man kann auch geröstete Pfifferlinge (Eierschwammerl) daruntermischen.

- 30 *dag* Mehl
- 1 Ei
- Salz
- Wasser
- 1 Zwiebel
- 5 *dag* Butter
- 15 *dag* Speck
- 20 *dag* Pinzgauer Käse

Nidei mit Sauerkraut

- 35 *dag* Erdäpfel
- 25 *dag* Mehl
- 2 Eier
- Salz
- 1 EL Milch
- 15 *dag* Butter

Erdäpfel kochen, auskühlen lassen und fein reiben. Erdäpfel, Mehl, Salz mit den Eiern und der Milch vermischen, zu einem glatten Teig kneten und eine Rolle formen. Die Rolle auf einem bemehlten Brett in 3 cm dicke Scheiben teilen. Aus diesen Scheiben werden nun Rollen von 1 cm Durchmesser geformt und in 2 cm lange „Nidei" geschnitten. Butter zerfließen lassen, die Nidei vorsichtig in die Pfanne geben und von allen Seiten bräunen.

Dazu ißt man gedünstetes Sauerkraut oder eingemachten Kohlrabi und trinkt ein Glas Milch.

Roggene Bladl

- 50 *dag* Roggenmehl
- 2 EL Butter
- 1/8 *l* Wasser
- 1/8 *l* Milch
- Salz
- Butterschmalz zum Ausbacken

Roggenmehl in eine Schüssel geben und salzen. Wasser, Milch und Butter aufkochen, in das Mehl gießen und rasch zu einem geschmeidigen Teig verarbeiten. Den Teig 1/4 Stunde rasten lassen, ausrollen, in handgroße Vierecke schneiden und im heißen Butterschmalz backen.

Man rollt in die Bladl gedünstetes Sauerkraut und ißt sie mit der Hand.

Im Oberpinzgau ißt man zu den Bladln Radisalat oder Ruabkraut.

Spinatknödel mit Österkronsauce

Spinat waschen, putzen und fein hacken. Milch mit Ei versprudeln und über die Semmelwürfel gießen. Zwiebel und Knoblauch fein hacken und mit dem Spinat in Butter goldgelb anrösten, zu den Semmelwürfeln geben, würzen, Mehl dazumengen und den Teig gut durchziehen lassen. Knödel formen und diese im Salzwasser kochen.

Sauce:
Aus Butter und Mehl eine Einmach bereiten, mit Milch aufgießen und kochen lassen. Den Österkron würfeln, in die Einmach geben, würzen und gut verkochen lassen.

30 dag Spinat
40 dag Semmelwürfel
1 Ei
1/8 l Milch
1 Zwiebel
5 dag Butter
1 Knoblauchzehe
5 dag Mehl
Salz
Pfeffer

Österkronsauce:
5 dag Butter
5 dag Mehl
1/4 l Milch
15 dag Österkron
Salz
Pfeffer

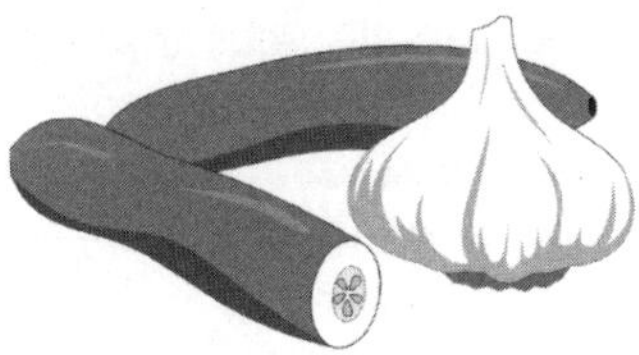

Gemüse-Fleisch-Topf

- 40 dag Schweinsschulter
- 40 dag Gemüse nach Saison
- 1 l Fleischsuppe
- 2 Zwiebeln
- Salz
- Pfeffer
- Knoblauch
- 1 Lorbeerblatt
- 1 Prise Muskatnuß
- 1 El Mehl
- 1 EL Butterschmalz

Zwiebel feinnudelig schneiden, in Fett anrösten, das würfelig geschnittene Fleisch mitrösten, mit Fleischsuppe aufgießen, würzen und dünsten. Nach der halben Garzeit das würfelig geschnittene Gemüse beimischen, abschmecken und fertig dünsten. Man kann den Eintopf mit einem Mehlteigerl binden. Dazu reicht man Vollkornweckerl oder Schwarzbrot.

Anstatt des Mehlteigerls kann man auch einen rohen Erdapfel fein reiben und untermengen.

Hühnerkeulen auf Erdäpfelgröstl

- 6 Hühnerkeulen
- Grillhendlgewürz
- 60 dag Erdäpfel
- Fett
- 2 Zwiebeln
- Salz
- Pfeffer
- Majoran
- 6 Scheiben durchzogener Speck

Hühnerkeulen mit Salz und Pfeffer würzen und bei 180°C 40 Minuten im Rohr braten. In der Zwischenzeit das Gröstl vorbereiten. Würfelig geschnittene Zwiebel in Fett anrösten, gekochte, blättrig geschnittene Erdäpfel dazugeben, würzen. Das fertige Gröstl in eine Kasserolle geben, ausgelöste Hühnerkeulen auf dem Gröstl verteilen, mit durchzogenem Speck belegen und 10 Minuten im Rohr überbacken.

Dazu serviert man grünen Salat.

Schöpsernes mit Radisalat

Das Fleisch sehr gut würzen, in eine Kasserolle geben und im vorgeheizten Rohr bei 220°C braten. Immer wieder mit etwas Fleischsuppe oder Wasser aufgießen. Eventuell die Sauce abschöpfen und mit Sauerrahm oder einem Mehlteigerl binden.

Radisalat:
Rettich schälen, fein reiben, leicht ausdrücken, marinieren.

Dazu gibt es Salzerdäpfel und zur Verdauung ein Stamperl Vogelbeer.

1 kg Lammfleisch mit Knochen
Salz
Pfeffer
Knoblauch
Majoran
Rosmarin

Radisalat:

60 dag schwarzer Rettich
Salz
1 EL Zucker
Essig
1/8 l Rahm

Pfifferlinggröstl

Erdäpfel waschen dämpfen, schälen und feinblättrig schneiden. Kleinwürfelig geschnittene Zwiebel in Butterschmalz goldgelb anbraten, Erdäpfel beimengen und mitrösten. Pfifferlinge fein hacken und beimengen, würzen und alles gut rösten. Eier versprudeln und über die Erdäpfelmasse gießen, stocken lassen. Das Gröstl mit Petersilie bestreuen und mit grünem Salat servieren.

Im Oberpinzgau sagt man zu den Eierschwammerln Pfifferlinge.

20 dag Pfifferlinge
25 dag Erdäpfel
1 Zwiebel
Salz
Pfeffer
Majoran
2 EL Butterschmalz
8 Eier

Lammeintopf

60 *dag Salzburger Berglamm*
Butter zum Anrösten
5 *dag Karotten*
5 *dag Sellerie*
2 EL *Tomatenmark*
3 *Knoblauchzehen*
Salz
Pfeffer
Thymian
Kümmel
30 *dag Gemüse (Karfiol, Kohlrabi, Fisolen, Zucchini)*
3/4 *l Suppe oder Wasser*

Lammfleisch würfelig schneiden und in Butter anrösten, blättrig geschnittene Karotten und Sellerie mitrösten, Tomatenmark beifügen, würzen, aufgießen und dünsten. Kurz bevor das Fleisch weich ist, das zerkleinerte Gemüse beimengen, abschmecken, mit Sauerrahm oder einem Mehlteigerl binden.

Dazu serviert man Petersilerdäpfel oder Schwarzbrot.

Gekochtes vom Salzburger Naturbeef mit Semmelkren

Knochen in kochendes Wasser geben, ca. 2 Minuten überkochen, abseihen, neuerlich kalt zustellen und zum Kochen bringen, Fleisch in kochende Suppe einlegen, den sich bildenden Schaum abschöpfen, salzen, nach halber Garzeit (ca. 40 Minuten) Gewürze und Gemüse beifügen, langsam nicht zugedeckt köcheln lassen.

Semmelkren:
5 EL Brösel mit Essig zu einem dicken Brei verrühren, anziehen lassen. 2-3 EL Zucker und 3 EL Sauerrahm untermengen, bis eine cremige Masse entsteht. Frisch geriebenen Kren nach Geschmack beimengen.

30 dag Knochen vom Naturbeef

70 dag Salzburger Naturbeef (Brustkern, Brustspitz, Tafelspitz)

Salz

1 Lorbeerblatt

1 KL Pfefferkörner

1 Prise Thymian

Liebstöckl

2 Karotten

1/4 Sellerieknolle

2 kleine Zwiebeln

1 Stück Petersilwurzel

Schweinsrouladen mit Schinken gefüllt

4 Schweinsschnitzel
8 Scheiben Schinken
4 Scheiben Käse (Edamer)
2 Zwiebeln
Salz
Pfeffer
2 Knoblauchzehen
Suppe zum Aufgießen
1 Schuß Weißwein
3 EL Sauerrahm
Butterschmalz zum Anbraten

Schnitzel klopfen, mit Salz und Pfeffer würzen und mit Käse und Schinken belegen. Zwiebelringe mit Knoblauch goldgelb anrösten, auf den Schnitzeln verteilen. Die Schnitzel einrollen, mit Zahnstocher oder Rouladennadeln fixieren, in heißem Fett anbraten, mit Suppe aufgießen und dünsten.
Zum Schluß mit Sauerrahm und Weißwein verfeinern.

Erdäpfelpuffer

40 dag Erdäpfel
10 dag Speck
3 Eier
Salz
Pfeffer
Petersilie
Muskat

Erdäpfel grob reiben, mit dem würfelig geschnittenen Speck vermischen, würzen. Die zersprudelten Eier zu den Erdäpfeln geben, verrühren. In einer Pfanne Butterschmalz erhitzen, mit einem Löffel die Erdäpfelmasse hineingeben und auf beiden Seiten knusprig backen.

Dazu serviert man grünen Salat.
Auch Apfelmus schmeckt ausgezeichnet dazu.

Faschierte Laibchen mit Fülle

Semmel würfelig schneiden und in Milch einweichen, gut ausdrücken, mit dem Faschierten vermengen, kleinwürfelig geschnittene Zwiebel in Fett anrösten, zum Fleisch mischen, würzen, Brösel und Ei dazugeben, alles gut vermischen.

Fülle:
Das Ei hartkochen, alle Zutaten nudelig schneiden und gut vermischen. Das Faschierte in 12 gleichmäßige Laibchen teilen, auf sechs Laibchen die Fülle aufteilen, die Ränder mit Ei bestreichen, die restlichen Laibchen draufsetzen, zusammendrücken. In heißem Fett langsam auf beiden Seiten braten.

40 dag gemischtes Faschiertes
1 Ei
1/2 Zwiebel
1 EL gehackte Petersilie
1 altbackene Semmel
1/8 l Milch
1 EL Brösel
Salz
Pfeffer
Majoran

Fülle:
1 Ei
5 dag Schinken
5 dag Speck
5 dag würzige Wurst
5 dag Naturemmentaler
1 Essiggurkerl
Butterschmalz zum Braten

Erdäpfeltascherl

Nudelteig:

30 *dag glattes Mehl*
3 *Eier*
Salz

Fülle:

30 *dag gekochte Erdäpfel*
15 *dag Topfen*
1 *kleine Zwiebel*
3 *dag Butter*
Salz
Pfeffer
Kümmel
Petersilie
1 *Eiklar zum Bestreichen*

Belag:

25 *dag Toastschinken*
10 *dag Parmesan*
2 *EL Petersilie*
Butter zum Beträufeln

Mehl mit den Eiern, Salz und eventuell etwas Wasser zu einem festen Teig verarbeiten und eine halbe Stunde rasten lassen.
Zwiebel fein hacken und in Butter goldgelb rösten. Passierte Erdäpfel, Topfen, Salz, Pfeffer, Kümmel, Petersilie und Zwiebel vermischen.
Den Teig halbieren und messerrückendick auswalken. Im Abstand von 4 cm einen Teelöffel Fülle geben, mit der zweiten Teighälfte bedecken, andrücken und ausstechen oder viereckig ausschneiden.
Die Tascherl in reichlich Salzwasser 10 Minuten kochen, abseihen, in eine Auflaufform geben, mit würfelig geschnittenem Schinken und Käse bestreuen, mit Butter beträufeln und im vorgeheizten Rohr bei 200°C überbacken.

Dazu serviert man gemischten Salat.

Abbildungen auf den folgenden vier Seiten:

Bärlauchsuppe (Rezept auf Seite 75)
Pinzgauer Kaspreßknödel in Suppe (Rezept auf Seite 19)
Folienerdäpfel mit Knoblauchsauce (Rezept auf Seite 50)
Damensalat und Herrensalat (Rezepte auf Seiten 125 und 126)

Zacherlbräu

Fleischkrapfen

Mehl salzen, Butter und Wasser aufkochen, zum Mehl geben und rasch zu einem geschmeidigen Teig verarbeiten. Zwiebel in Butterschmalz anrösten, würfelig geschnittenen Speck, Wurst und geselchtes Rindfleisch beimengen, gekochte, blättrig geschnittene Erdäpfel untermischen, würzen und überkühlen lassen. Den Teig zu einer 4 cm dicke Rolle formen, 2 cm dicke Stücke abschneiden, auswalken, die Hälfte mit Fülle belegen, zusammenschlagen, mit dem Handballen festdrücken, ev. noch mit einem „Krapfenradl“ andrücken, im schwimmenden heißen Fett backen. Dazu ißt man Sauerkraut.

Man kann die Krapfen auch mit Sauerkraut oder Pfifferlingen füllen.

Im Tennengau wird eine Fleischfülle ohne Erdäpfel zubereitet.

20 *dag* Roggenmehl
20 *dag* Weizenmehl
Salz
4 *dag* Butter
1/8 *l* Wasser

Fülle:

40 *dag* Erdäpfel
40 *dag* Speck
10 *dag* geselchtes Rindfleisch
15 *dag* Wurst
1 Zwiebel
Salz
Pfeffer
Majoran
Petersilie
4 EL Butterschmalz
Fett zum Backen

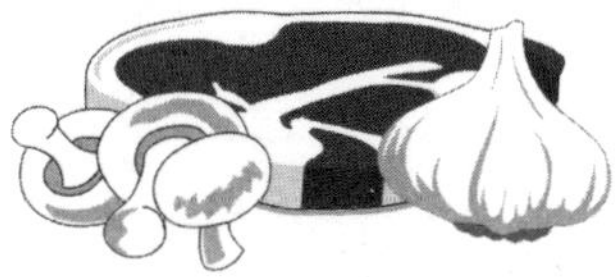

Nachspeisen

Gebackene Hollerstrauben

1/4 l Milch
1 Ei
20 dag Mehl
1 Prise Salz
Hollerblüten

Milch, Mehl, Ei und Salz zu einem Backteig vermischen, die gewaschenen und abgetrockneten Hollerblüten in den Backteig tauchen, in heißem Fett backen und vor dem Servieren leicht anzuckern.

Schlosserbuben

32 Stück kernlose Dörrpflaumen
15 dag geriebene Schokolade
5 dag Staubzucker

Backteig:

1 Ei
5 EL Mehl
1 Pkg. Vanillezucker
5 EL Milch
1 Prise Salz
Fett zum Backen

Dörrpflaumen über Nacht einweichen. Mehl, Salz, Vanillezucker, Ei und Milch zu einem Teig vermischen. Dörrpflaumen in den Backteig tauchen und in heißem Fett backen, abtropfen lassen. In geriebener Schokolade wälzen und mit Staubzucker bestreuen

Dazu trinkt man Milch.

Brandteigkrapferl

1/4 l Wasser
6 dag Butter
1 Prise Salz
16 dag Weizenvollkornmehl
3-4 Eier
1 EL Honig
1 Messerspitze Vanille
1 Messerspitze Backpulver

Wasser, Butter, Salz und Honig aufkochen, Mehl mit Vanillezucker und Backpulver vermischen und in das kochende Wasser geben. Solange am Herd lassen, bis sich am Topfboden ein weißer Belag gebildet hat. Den Teig überkühlen lassen und dann nach und nach die Eier einrühren. Es soll ein weicher Teig entstehen. Mit dem Spritzsack oder mit zwei Löffeln Krapferl auf ein befettetes Blech formen und im vorgeheizten Rohr bei 220°C 25 Minuten backen. Mit einem Sägemesser die Krapferl durchschneiden und füllen.

Früchtecreme:
1/4 Rahm steif schlagen und mit 20 dag Himbeeren vermischen, Zucker nach Geschmack beimengen.

Vanillecreme:
Vanillepudding mit 1/8 l steifgeschlagenem Rahm vermischen.

Kürbiscreme:
1/4 l steifgeschlagenen Rahm mit 4 EL Kürbisgranulat vermischen, Zucker nach Geschmack beimengen.

Wetzstoanudel

- 50 dag Mehl
- 3 dag Germ
- 6 dag Zucker
- 1 Prise Salz
- 6 dag Butter
- 2 Dotter
- 1/4 l Milch
- 30 dag Rosinen
- Fett zum Backen

Mehl, Salz, Zucker vermischen, in eine Schüssel geben, in der Mitte eine Vertiefung machen, Germ einbröseln, lauwarme Milch dazugeben und Germ gehen lassen.
Nun Rosinen, Dotter, zerlassene Butter einmengen, restliche Milch dazugeben und einen glatten Teig bereiten, gut abschlagen und gehen lassen. Teig in 10 cm lange und 3 cm dicke „Nudeln" formen und in heißem Fett backen.

Topfenschnitten

Mürbteig:

- 37,5 dag Butter
- 45 dag Mehl
- 15 dag Zucker
- 3 Dotter
- Vanillezucker
- abgeriebene Zitronenschale

Fülle:

- 70 dag Topfen
- 4 Dotter
- 6 Eiklar
- Salz
- 20 dag Zucker
- 10 dag geriebene Nüsse

Mehl, Zucker, Zitronenschale und Vanillezucker auf ein Brett geben, mit dem Butter abbröseln, Dotter dazugeben, zu einem glatten Teig verarbeiten und eine halbe Stunde rasten lassen.
Topfen mit Zucker, Salz und Dotter schaumig rühren, den steifgeschlagenen Schnee und die geriebenen Nüsse unterheben. Den Mürbteig auf dem Blech ausrollen, die Fülle daraufgeben und im Rohr bei 200°C 25 Minuten backen.

Gewürzschnitten

Butter, Zucker, Dotter und Vanillezucker sehr schaumig rühren. Mehl, Backpulver, Puddingpulver, Lebkuchengewürz, geriebene Schokolade und Nüsse beimengen und alles abwechselnd mit Milch unterheben.
Zum Schluß den steifgeschlagenen Schnee in die Masse einmelieren. 2 cm dick auf ein befettetes und bemehltes Blech streichen und 25-30 Minuten bei 200°C backen.

18 dag Butter
30 dag Zucker
5 Eier
1 1/2 Pkg. Mandel- oder Nußpuddingpulver
1/2 Pkg. Backpulver
30 dag Mehl
15 dag geriebene Schokolade
7 dag geriebene Nüsse
1/2 Pkg. Lebkuchengewürz
1 Pkg. Vanillezucker
1/4 l Milch

Karottentorte

Den Schnee sehr steif schlagen, Zucker löffelweise einschlagen, Dotter unterziehen, Karotten, Nüsse und das mit dem Backpulver vermischte Mehl vorsichtig einrühren.
Bei 170°C 1 Stunde backen. Ausgekühlt mit heißer Marillenmarmelade bestreichen und mit Schokoladeglasur überziehen.

5 Eier
25 dag Zucker
25 dag geriebene Nüsse
25 dag geriebene Karotten
12 dag Mehl
1 Pkg. Backpulver

Germschnecken

- 50 *dag* Mehl
- Salz
- 3 Eier
- 2 Dotter
- 1/8 *l* Milch
- 4 *dag* Germ
- 2 EL Zucker
- 15 *dag* Butter
- 10 *dag* Staubzucker
- 1/2 *l* Milch
- 2 Pkg. Vanillezucker
- 3 EL Zucker

Mehl, Salz, Zucker in eine Schüssel geben, in der Mitte eine Vertiefung machen, Germ einbröseln und lauwarme Milch dazugeben. Germ 10 Minuten gehen lassen. Eier, Dotter und restliche Milch einmengen, den Teig gut abschlagen und gehen lassen. Auswalken, mit einem Gemisch aus weicher Butter und Staubzucker bestreichen, einrollen, in 2 cm dicke Scheiben schneiden und auf ein befettetes Blech legen. Bei 170°C ins Rohr geben. Nach 25 Minuten mit einem Gemisch aus Milch, Vanillezucker und Zucker übergießen, noch 5-10 Minuten ins Rohr geben.

Dazu reicht man Kerschbria oder ein Glas Milch.

Kerschbria (Kirschenbrühe):
Getrocknete Kirschen in Zuckerwasser mit einer Zimtrinde aufkochen und abkühlen lassen. Man kann auch getrocknete Apfelspalten oder gedörrte Zwetschken verwenden.

Lippschnitten

Butter, Zucker und Dotter sehr schaumig rühren, erweichte Schokolade dazugeben, Nüsse untermengen. Zum Schluß das Mehl abwechselnd mit dem steifgeschlagenen Schnee einrühren. Die Masse auf ein befettetes und bemehltes Blech streichen und bei 180°C 30 Minuten backen.

- 28 *dag* Butter
- 28 *dag Zucker*
- 8 *Rippen Kochschokolade*
- 8 Eier
- 22 *dag geriebene* Nüsse
- 4 *dag glattes Mehl*

Almrausch

Milch, Preiselbeeren, Rum und Rahm mixen, in 4 Gläser füllen und mit einer Kugel Vanilleeis servieren.

- 1/2 *l Milch*
- 8 EL *Preiselbeerkompott oder Preiselbeermarmelade*
- 1/16 *l Rahm*
- *Schuß Rum*
- 4 *Kugeln Vanilleeis*

Bratäpfel

4 *Äpfel (Jonathan, Boskop)*
4 *dag Rosinen*
8 *dag geriebene Nüsse*
1 EL *Honig*
1/4 *l Weißwein*
1 EL *Zucker*
1 TL *Zimt*

Äpfel waschen, Kerngehäuse ausstechen und die Schale an einigen Stellen einritzen. Rosinen, geriebene Nüsse, Honig und Zimt mischen und in die Äpfel einfüllen. Die Äpfel in eine Kasserolle geben, Wein und Zucker beigeben und bei 180°C 20 Minuten im Rohr braten.

Kräuter-Buttermilch

3/4 *l Buttermilch*
3 EL *frische Kräuter (Petersilie, Schnittlauch, Basilikum, Kresse, Liebstöckl)*
Salz
Pfeffer
1 *Prise Muskatnuß*

Buttermilch mit den gehackten Kräutern und Gewürzen mixen, in Gläser füllen und kühl servieren.

Lungau - Österreichs Sonnenbecken

„Entern Tauern" - hinterm Tauern, so wird heute noch die Lage des Bezirkes beschrieben. Der Lungau als südlichster Gau des Bundeslandes ist ein inneralpines Becken in über 1000 m Seehöhe. Durch Gebirgszüge und Talengen ist er gegen Nachbarlandschaften abgegrenzt. Das beeinflußt Klima und Vegetation ganz entscheidend und macht den Lungau zu einem der besten Erdäpfelanbaugebiete Österreichs. Die bis heute noch naturbelassenen humushältigen sandigen Böden eignen sich vorzüglich für den Anbau von besten Qualitätserdäpfeln. Wer kennt sie nicht, die Lungauer Eachtling? Weit über die Grenzen hinaus sind die Erdäpfel aus dem Lungau - ob speckig, vorwiegend festkochend oder mehlig - bekannt. Der Lungauer Speck hat ebenfalls einen guten Namen. Sauen, die den Sommer auf der Alm verbringen, geben den besten Speck. Sehr zu empfehlen ist das Rahmkoch, eine Spezialität, die es nur im Lungau gibt. Hasenöhrl, Hennasteign, Kasknödel in der Zwiebelsuppe, Lungauer Bauernbratl, Bratwurst mit Sauerkraut ... - Lungauer Spezialitäten, die wir für Sie ausprobiert und aufgeschrieben haben.

Suppen & Vorspeisen

Lungauer Kassuppe

Mehl in der Butter anschwitzen, mit der Rindsuppe aufgießen, würzen, Weißwein dazugeben und eine 1/2 Stunde kochen lassen. Geriebenen Käse und Rahm beifügen, abschmecken und mit Schnittlauch bestreut servieren.

5 dag Mehl
5 dag Butter
3/4 l Rindsuppe
1/4 l Weißwein
1 Knoblauchzehe
20 dag Bergkäse
1/4 l Rahm
Schnittlauch

Leberfrittaten

Aus Milch, Mehl, Eiern, Öl, Salz, Pfeffer und Majoran einen Palatschinkenteig bereiten, zerdrückten Knoblauch und zuletzt die fein faschierte Leber mit dem Mixer unterrühren.
10 Minuten rasten lassen, dann in einer Pfanne mit heißem Öl dünne Palatschinken herausbacken.

1/2 l Milch
2 Eier
1 TL Öl
25 dag glattes Mehl
Salz, Pfeffer, Majoran
2 Zehen Knoblauch
20 dag fein faschierte Rinds- oder Schweinsleber

Topfenschöberl

- 2 Eier
- 5 *dag* Mehl
- 12 *dag* Topfen
- 1 Messerspitze Backpulver
- Salz
- Petersilie

Eischnee sehr steif schlagen, Dotter, Topfen, Salz, gehackte Petersilie und das mit Backpulver vermischte Mehl beimengen, alles gut vermischen, auf ein befettetes, bemehltes Blech ca. 1 cm dick streichen, bei 200°C goldgelb backen. Erkaltetes Schöberl schneiden.

Diese Schöberl eignen sich gut zum Einfrieren - Sie können also gleich die doppelte Masse backen.

Löwenzahnsalat

- 50 *dag* speckige Erdäpfel
- 10 *dag* Löwenzahnblätter
- 5 *dag* Bauchspeck
- 1 Zwiebel
- Salz
- Pfeffer
- Öl
- Essig
- 1 Knoblauchzehe

Erdäpfel kochen, schälen und blättrig schneiden, Speck würfelig schneiden, leicht anrösten, mit den gut gewaschenen, nudelig geschnittenen Löwenzahnblättern und der würfelig geschnittenen Zwiebel zu den Erdäpfeln geben. Mit Salz, Pfeffer, Knoblauch, Essig und Öl marinieren.

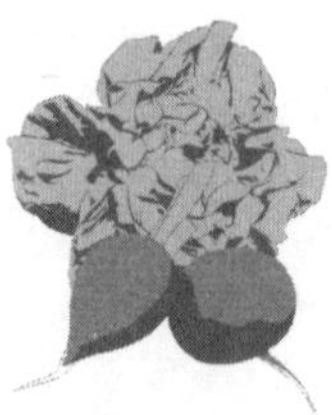

Rindfleischimbiß

Rindfleisch und Äpfel würfelig schneiden, Sauerrahm, Gewürze, Preiselbeeren und Zitronensaft vermischen, über das Fleisch geben und gut vermengen. Den Imbiß mindestens 1 Stunde durchziehen lassen.

70 dag gekochtes Rindfleisch (Hüferl, Streifen, Brustkern oder Hals)
2 säuerliche Äpfel
1 Becher Sauerrahm
3 EL Preiselbeeren
Salz
Pfeffer
Saft von 1 Zitrone
1 Schuß Essig

Rohrerdäpfel

Die sauber gewaschenen und blättrig geschnittenen Erdäpfel in eine befettete Kasserolle geben. Würfelig geschnittene Zwiebel und Knoblauch darüberstreuen, würzen, mit etwas Wasser aufgießen. Den würfelig geschnittenen Speck verteilen. Bei 200°C ca. 45 Minuten im Rohr braten.

Dazu serviert man Salat.
Man kann auch 20 dag würfelig geschnittenen würzigen Käse daruntermischen.

70 dag Erdäpfel
3 Zwiebeln
3 Knoblauchzehen
Salz
Pfeffer
Kümmel
Paprikapulver
20 dag Speck

Reibgerstl aus Dinkelvollmehl

25 dag Dinkelvollmehl
1 Ei
Salz
Wasser

Aus den angegebenen Zutaten einen sehr festen Teig bereiten, mit dem Reibeisen reiben und kurz vor dem Anrichten in die kochende Rindsuppe einkochen.

Folienerdäpfel

6 gleichgroße vorwiegend festkochende Erdäpfel
Salz
Alufolie

Erdäpfel sauber waschen, einzeln in Alufolie wickeln und im Rohr bei 200°C ca. 1/2 Stunde backen (mit einer Gabel probieren ob die Erdäpfel durch sind).

Dazu reicht man eine pikante Sauce, Kräuterbutter und ein Glas frische Buttermilch.

Pikante Knoblauchsauce

1 Becher Joghurt
2 EL Crème fraîche
5 Knoblauchzehen
Salz
Pfeffer

Joghurt und Crème fraîche verrühren, würzen und den frisch gepreßten Knoblauch untermengen.

Kräuterbutter

Alle Zutaten gut verrühren. Man kann auch noch 1 Koblauchzehe beimengen.

- 20 dag Butter
- 1 EL feingehackte Zwiebel
- 3 EL Kräuter (Schnittlauch, Petersilie, Kerbel, Estragon, Basilikum. Dill,...)
- Salz
- Pfeffer

Würzige Krensauce

Joghurt, Crème fraîche, Zitronensaft und Kräutersalz glatt verrühren, frisch geriebenen Kren untermischen, abschmecken.

- 4 EL Joghurt
- 4 EL Crème fraîche
- Kräutersalz
- Saft einer halben Zitrone
- frisch geriebener Kren nach Geschmack

Österkronbirne

- 4 Kompottbirnen
- 12 dag Österkron
- 3 EL Sauerrahm
- Salz
- Pfeffer
- Tabasco
- 2 Toastbrot
- 4 Salatblätter

Österkron mit dem Sauerrahm zu einer Masse verrühren, abschmecken.
Auf ein Dessertteller ein mariniertes Salatblatt geben, ein halbes Toastbrot dazu.
Die Birne drauf geben, in das Kerngehäuse die Österkronsauce geben und als Vorspeise servieren.

Schinkenkipferl

- 25 dag Topfen
- 20 dag Butter
- 25 dag Mehl
- 3 EL Sauerrahm
- Salz

Fülle:

- 25 dag Schinken
- 1 EL Petersilie
- Salz
- Pfeffer
- 1 Ei
- 1 grüner Paprika
- 2 EL Sauerrahm

Mehl salzen, mit dem Butter abbröseln und mit dem Topfen und dem Sauerrahm zu einem glatten Teig verarbeiten und 1 Stunde kühl rasten lassen.
Für die Fülle den Schinken und den Paprika klein würfelig schneiden, würzen, mit dem Rahm und dem Ei zu einer geschmeidigen Masse vermischen. Teig auf einem bemehlten Brett auswalken, Rechtecke schneiden, mit Fülle belegen, zu Kipferl formen, auf ein befettetes Blech geben, mit Ei bestreichen und bei 200° C ca. 15 Minuten backen.

Dazu paßt ausgezeichnet ein grüner Salat und eine Schnittlauch- oder Knoblauchsauce.

Hauptspeisen

Lungauer Speckknödel

Den Speck und die Wurst kleinwürfelig schneiden und mit dem Knödelbrot vermischen. Die Eier mit der Milch verquirlen, die gehackte Petersilie dazugeben und über die Semmel-Speck-Masse gießen. Alles gut durchmischen, ca. 10 Minuten rasten lassen, mit Mehl binden und salzen. Knödel formen und 10-15 Minuten langsam in Salzwasser kochen.

Die Speckknödel kann man mit Rindsuppe, Sauerkraut aber auch mit grünem Salat essen.

- 30 *dag durchzogener Bauchspeck*
- 10 *dag geräucherte* Wurst
- 40 *dag* Knödelbrot
- 3 Eier
- 1/4 *l* Milch
- 1 EL *gehackte* Petersilie
- 3 EL Mehl
- Salz

Arme Leut' Bratl

Frische, gleichgroße Erdäpfel werden sehr gründlich unter fließendem Wasser gebürstet. Mit der Schale der Länge nach halbieren. In einer viereckigen Pfanne das Schweineschmalz erhitzen, salzen und die zerdrückten Knoblauchzehen zugeben. Erdäpfelhälften in diesem Gemisch wenden und mit der Schnittfläche nach oben in die Pfanne schichten. Mit Salz und Kümmel bestreuen und im Rohr knusprig braun braten.

- 1 *kg frische* Erdäpfel
- 4 Knoblauchzehen
- 8 *dag* Schweineschmalz
- Salz
- Pfeffer
- Kümmel

Krautrouladen

8 Blatt Weißkraut
1 l Wasser
Salz

Fülle:
5 dag Butter
10 dag Zwiebel
40 dag faschiertes Fleisch
1 Knoblauchzehe
1 EL gehackte Petersilie
1 Semmel
1 Ei
Salz
Pfeffer
Öl
1 EL Mehl
1/2 l Wasser

Das Kraut blanchieren. Für die Fülle Butter erhitzen, klein würfelig geschnittene Zwiebel darin anrösten, das Fleisch mitrösten und auskühlen lassen. Knoblauch, würfelig geschnittene und eingeweichte Semmel und Ei dazugeben, mit Salz und Pfeffer würzen und gut vermischen.
Die Fülle auf die Krautblätter geben, fest einrollen und im heißen Fett anbraten. Die Rouladen aus der Pfanne nehmen, den Saft mit Mehl stauben, mit Suppe aufgießen und abschmecken. Die Rouladen darin 1/2 Stunde dünsten.

Dazu serviert man Salzerdäpfel.

Erdäpfelstrudel

30 dag Erdäpfel waschen, dämpfen, schälen und durch die Erdäpfelpresse drücken. Feingeschnittene Zwiebel und Speck in Butter leicht anrösten und mit der gehackten Petersilie unter die passierten Erdäpfel mischen. Restliche Erdäpfel schälen, in 1/2 cm große Würfel schneiden, kurz kochen (sollen noch kernig sein). Erdäpfelwürfel und Dotter in die Erdäpfelmasse rühren und pikant abschmecken. Ei mit zerlassener Butter verrühren, auf die ausgelegten Strudelblätter streichen, Erdäpfelmasse auf das untere Drittel der Länge nach auftragen, einrollen und mit der restlichen Ei-Buttermischung bestreichen. Im Rohr bei 200°C 25 Minuten backen.

50 dag mehlige Erdäpfel
1 Zwiebel
2 EL Butter
1 EL Petersilie
2 Dotter
10 dag Schinken oder Speck
Salz
Pfeffer
Majoran
Thymian
2 Blätter Strudelteig
1 Ei
2 EL Butter

Dazu paßt sehr gut: Knoblauch- oder Kräutersauce und gemischter Salat.

Der Erdäpfelstrudel (ohne Speck) paßt als Beilage gut zu Wild, Rind oder Lamm.

Bauerneintopf

50 dag Schweinsschulter
30 dag Karotten
10 dag Sellerie
2 Zwiebeln
2 Knoblauchzehen
5 dag Butter
Salz
Pfeffer
Kümmel
3 EL Tomatenmark
2 Essiggurken
40 dag Erdäpfel
Suppe zum Aufgießen
Petersilie

Würfelig geschnittene Zwiebel mit würfeligem Fleisch in Butter anrösten, würfelig geschnittenes Gemüse (außer Erdäpfeln) beimengen, mit Suppe auf gießen, würzen und 40 Minuten dünsten.
Die würfelig geschnittenen Erdäpfel beimengen, fertigdünsten, mit Petersilie bestreuen und mit einer Scheibe Schwarzbrot servieren.

Knoblauchkoteletts mit Käsenudeln

4 Schweinskoteletts
Salz, Pfeffer, Kümmel
4 Knoblauchzehen
Suppe
Fett zum Braten

Käsenudeln:

1/8 l Rahm
10 dag Österkron
40 dag Nudeln
Schnittlauch

Koteletts klopfen, auf beiden Seiten anbraten, mit Kümmel und Knoblauch bestreuen, mit Suppe aufgießen, salzen, pfeffern und dünsten.
Rahm und Österkron vermischen, aufkochen und gekochte Nudeln (z.B. Spiralen, Fleckerl, Hörnchen oder auch Spaghetti) daruntermischen, abschmecken und mit Schnittlauch bestreut servieren.

Gefüllte Kalbsbrust

Kalbsbrust „untergreifen" (vom Metzger untergreifen lassen). Vollkornweckerl blättrig schneiden und in erwärmter Milch einweichen. Feinwürfelig geschnittene Zwiebel in Butter anrösten, blättrig geschnittene Champignons und würfelig geschnittenen Paprika beimengen und weichdünsten. Weckerl gut ausdrücken, mit den übrigen Zutaten gut vermischen und pikant würzen. Die Fülle soll eher weich sein. Mit einem Löffel in die Brustöffnung einfüllen und mit einem Bindfaden mit einigen Stichen vernähen. Die gefüllte Kalbsbrust salzen, pfeffern und bei 180°C 1,5 Stunden braten. Dabei öfter mit Saft übergießen. Bindfaden entfernen, Brust in Scheiben schneiden und mit Reis, Erdäpfeln und Salat servieren.

Sollte eine Fülle übrigbleiben, so kann man sie mitbraten.

1 Kalbsbrust
Salz
Pfeffer

Fülle:

2 Vollkornweckerl
1/8 l Milch zum Einweichen
3 Eier
1 grüner Paprika
15 dag Champignons
15 dag Schinken
1 Zwiebel
1/8 l Rahm
4 dag Butter
Salz
Pfeffer
Muskatnuß
2 EL Petersilie
Bindfaden zum Vernähen

Wildragout

- 70 *dag Wildfleisch (Schulter)*
- *Salz*
- *Pfeffer*
- *Wacholder*
- *Rosmarin*
- 2 EL *Fett zum Anbraten*
- 1 *Zwiebel*
- 5 *dag Speck*
- 1 *Karotte*
- 1/4 *Sellerie*
- 1 EL *Perlzwieberl*
- 10 *dag Champignons*
- *Suppe zum Aufgießen*
- 2 EL *Sauerrahm*
- 1 EL *Mehl*
- 1 *Schuß Rotwein*

Würfelig geschnittene Zwiebel und Speck leicht anrösten, würfelig geschnittenes Fleisch mitrösten, würzen, aufgießen und 30 Minuten dünsten. Karotte und Sellerie würfelig schneiden, Champignons blättrig schneiden und mit den Perlzwieberl zum Fleisch mischen, weitere 20 Minuten dünsten lassen, mit Rotwein verfeinern. Sauerrahm und Mehl glatt verrühren und die Sauce damit binden, abschmecken und servieren.

Dazu reicht man gedünstetes Blaukraut und Nockerl.

Rehgulasch

Würfelig geschnittene Zwiebel in Butterschmalz anbraten, würfelig geschnittenes Fleisch mitbraten, würzen, aufgießen und 50 Minuten dünsten lassen. Rotwein und Tomatenmark beimengen, abschmecken und mit Nockerln servieren.

60 dag Rehschulter
30 dag Zwiebel
1 Knoblauchzehe
1 EL Paprikapulver
1/8 l Rotwein
2 EL Tomatenmark
Salz, Pfeffer, Wacholder
2 EL Butterschmalz

Almbraten im Teigmantel

Topfen, Mehl, Salz, Butter rasch zu einem Teig verarbeiten und 1/2 Stunde rasten lassen. In der Zwischenzeit Semmeln würfelig schneiden und in Milch einweichen. Zwiebel würfelig schneiden und in Butter kurz anrösten. Faschiertes würzen, mit den ausgedrückten Semmelwürfeln, Zwiebel und Ei vermischen. Den Topfenteig auswalken, mit dem Faschierten bestreichen, einrollen, mit Ei bestreichen, mit einer Gabel anstechen und 50 Minuten bei 200°C backen.

Dazu serviert man Petersilkartoffeln und gemischten Salat.
Auch eine Kräutersauce paßt ausgezeichnet.

50 dag Faschiertes vom Lungauer Jungrind
2 Semmeln
1/8 l Milch
1 Ei
1 Knoblauchzehe
Salz
Pfeffer
Majoran
1 Zwiebel

Teigmantel
25 dag Topfen
25 dag Mehl
25 dag Butter
Salz
1 Ei zum Bestreichen

Braten vom Lungauer Jungrind

80 dag Fleisch
40 dag Wurzelwerk (Zwiebel, Karotten, Sellerie, Petersilie)
Salz
Pfeffer
Rosmarin
Majoran
Lorbeerblatt
Fett zum Anbraten

Fleisch würzen, anbraten und bei 180°C ins Rohr geben. Wurzelwerk putzen, würfelig schneiden, zum Fleisch geben, etwas aufgießen. 1 Stunde braten, dabei das Fleisch öfter mit Bratensaft übergießen. Die Sauce mit Sauerrahm verfeinern.

Dazu serviert man einen Erdäpfelstrudel und Salat.

Filet in Blätterteig

1 Schweinsfilet
4 EL Öl zum Anbraten
Blätterteig aus der Tiefkühltruhe
3 Scheiben Toastschinken
2 Zwiebeln
1 kleine Dose Champignons
Petersilie
Salz
Pfeffer
Ei zum Bestreichen

Schweinsfilet auf allen Seiten kräftig anbraten, mit Salz und Pfeffer würzen. Filet aus der Pfanne nehmen und erkalten lassen. Blätterteig messerrückendick auswalken, mit Schinken belegen, würfelig geschnittene Zwiebeln, Champignons und Petersilie verteilen, das Filet darauflegen und wie einen Strudel einrollen. Mit Ei bestreichen.
Im vorgeheizten Rohr bei 200°C 40 Minuten backen. Kurz rasten lassen und in Scheiben schneiden.

Lungauer Hennasteign

Mehl (man kann auch ausgesiebtes Dinkel- oder Weizenvollmehl verwenden) salzen, mit Anis und Vanillezucker vermischen, Eier, zerlassene Butter und heiße Milch untermengen. Alles sehr gut durchkneten und eine Rolle von 5 cm Durchmesser formen. Von dieser Rolle ca. 2 cm dicke Scheiben abschneiden, dünn auswalken und mit dem Messer oder Teigradl innen mehrmals parallel einschneiden.
In heißem Butterschmalz backen und mit Staubzucker bestreuen.

50 dag Mehl
Salz
4 Eier
5 dag Butter
Anis
Vanillezucker
ca. 1/4 - 1/2 l Milch

Hasenöhrl aus Roggenvollmehl

Zutaten zu einem nicht zu festen Teig verarbeiten, gut durchkneten und 20 Minuten rasten lassen. Teig ausrollen, mit dem Teigrad oder einem Messer Vierecke ausschneiden, im heißen Butterschmalz goldgelb backen. Dazu reicht man heißes Sauerkraut.

Damit die Hasenöhrl auch gut aufgehen, während des Backens immer wieder mit heißem Fett übergießen.

50 dag fein gemahlener Roggen
Salz
1/4 l Milch

Schwarzbeerbunkel

8 *dag* Mehl
1/8 *l* Rahm
2 Eier
1 Prise Salz
5 *dag* Butterschmalz
50 *dag* Schwarzbeeren (Heidelbeeren)
12 *dag* Kristallzucker

Rahm, Mehl, Salz und Dotter zu einem Teig versprudeln. Die Eiklar zu Schnee schlagen und unter den Teig ziehen. In einer großen Pfanne (ca. 25 cm Durchmesser) das Butterschmalz erhitzen und den Teig eingießen. Darauf die gezuckerten Schwarzbeeren geben und im vorgeheiztem Rohr bei 180°C 30 Minuten backen.

Dazu trinkt man ein Glas Milch.

Erdäpfelgermteig

30 *dag* glattes Mehl
15 *dag* Erdäpfel
6 *dag* Öl
7 *dag* Staubzucker
1 Ei
1 *Pkg.* Trockengerm
1/16 *l* Milch
1 Prise Salz
Vanillezucker
Rum

Erdäpfel kochen, passieren und auskühlen lassen. Die restlichen Zutaten untermengen und zu einem glatten Teig verarbeiten.

Dieser Teig ist gut geeignet für Strudel, Golatschen und Kipferl.

Lungauer Rahmkoch

Aus Rahm und Mehl in einer Schüssel kleine Brockerl bereiten. Butter am Herdrand zerfließen lassen, Mehl-Rahm-Gemisch einrühren und bei schwacher Hitze unter ständigem Rühren auskochen, dabei Gewürze und Rosinen untermischen. Damit das Rahmkoch eine geschmeidige Form erhält, den Zucker erst kurz vor dem Fertigwerden beifügen. Fällt die Masse beim Umrühren dickflüssig vom Kochlöffel, so ist das Rahmkoch fertig. Rasch das ganze Ei darunterrühren, in eine Rehrücken- oder Kastenform geben und kühl stellen.

- 50 dag Mehl
- 25 dag Rahm
- 25 dag Butter
- Anis
- Rosinen oder Weinbeeren
- Zimt
- 1 Prise Salz
- Zucker
- 1 Ei

Putenlebergulasch

Ringelig geschnittene Zwiebeln in Butter anrösten, blättrig geschnittene Leber mitrösten, nudelig geschnittenen Paprika beimengen, mit Mehl stauben, mit Suppe aufgießen und 10 Minuten dünsten lassen.
Abschmecken, Petersilie beimengen und mit Rahm binden.

Dazu serviert man Reis und gemischten Salat.

- 75 dag Putenleber
- 2 Zwiebeln
- 1 grüner Paprika
- 2 EL Butter
- 1/2 l Suppe
- 3 EL Tomatenmark
- 1 EL Mehl
- Salz
- Pfeffer
- Majoran
- Petersilie
- 3 EL Rahm

Gebäck & Nachspeisen

Vollkornweckerl

1 *kg* Weizenvollmehl	
3 TL *Salz*	
2 EL *Brotgewürz*	
1 *Pkg.* (= 4 *dag*) *Germ*	
6 *dag* Butter	
3/4 *l lauwarme* Milch	
Ei *zum* Bestreichen	

Aus den angegebenen Zutaten einen mittelfesten Germteig machen, rasten lassen bis sich das Teigvolumen verdoppelt hat. Weckerl formen, mit Ei bestreichen, bei 200°C ca. 20 Minuten backen.

Die Vollkornweckerl lassen sich sehr gut einfrieren.

Käsestangerl

Sie können in den Vollkornweckerlteig 25 dag geriebenen würzigen Käse (Tilsiter, Emmentaler oder Käsereste) einkneten, Stangerl formen, mit Ei bestreichen, mit etwas geriebenen Käse bestreuen und bei 200°C ca. 20 Minuten backen.

Salzstangerl

Lockeren Germteig bereiten und gehen lassen. Messerrückendick auswalken, Dreiecke schneiden und von der breiten Seite zur Spitze einrollen, 1 Stunde gehen lassen, mit Ei bestreichen, mit grobem Salz und Kümmel bestreuen. Bei 200°C ca. 20 Minuten backen.

- *1 kg Weizenmehl*
- *1 Pkg. Germ*
- *1/2 l Milch*
- *2 Eier*
- *25 dag Butter*
- *2 TL Salz*

Topfengewürzbrot

Vollmehl in eine Schüssel geben, Vertiefung machen, Germ einbröseln, 1/4 l Wasser, 1 TL Zucker dazugeben und gehen lassen. Wenn das Dampfl gut gegangen ist, die restlichen Zutaten dazugeben, gut durchkneten und den Teig gehen lassen, bis sich das Teigvolumen (fast) verdoppelt hat. Teig durchkneten, formen und 10 Minuten gehen lassen. 20 Minuten bei 250°C, 60 Minuten bei 180°C und 15 Minuten bei Nachhitze backen.

Um das Austrocknen zu verhindern, ein Gefäß mit Wasser ins Rohr stellen.

- *1 kg Weizenvollmehl*
- *1/2 Roggenvollmehl*
- *1/4 l Wasser*
- *2 Pkg. Germ*
- *1/2 l Wasser*
- *2 EL Salz*
- *1/2 kg Magertopfen*
- *3 EL Brotgewürz*

Zwiebel-Speck-Weckerl

In den Vollkornweckerlteig 2 Zwiebeln und 20 dag Speck - beide würfelig geschnitten und kurz angeröstet - einkneten. Weckerl formen, mit Ei bestreichen und bei 200°C ca. 20 Minuten backen.

Diese Weckerl mit einem Topfenaufstrich sind eine herzhafte Jause.

Mineralwasserkuchen

4 Eier
3 Tassen Mehl
2 Tassen Zucker
1 Tasse Öl
1 Tasse Mineralwasser
1 Pkg. Backpulver
1 Pkg. Vanillezucker
1 Becher Sauerrahm
1/4 l Rahm
Staubzucker nach Geschmack
Zimt zum Bestreuen

Eier, Zucker, Vanillezucker sehr schaumig rühren. Das mit Backpulver vermischte Mehl beimengen. Zum Schluß Öl und Mineralwasser einrühren. Den Teig auf ein befettetes, bemehltes Blech streichen und bei 180°C 20 Minuten backen.
Rahm steif schlagen, mit Sauerrahm und Zucker nach Geschmack vermischen, auf den ausgekühlten Kuchen streichen und mit Zimt bestreuen.

Großmutters Gugelhupf

Butter und Zucker schaumig rühren, nach und nach Dotter dazurühren, die Hälfte des Mehls und die Milch gut einrühren, Rosinen, Aranzini, restliches Mehl mit Backpulver vermischt abwechselnd mit dem Schnee unterheben. In eine befettete und bemehlte Gugelhupfform geben bei 180°C 1 Stunde backen (Nadelprobe machen!).

25 dag Butter
30 Zucker
8 Eier
50 dag Mehl
1 Backpulver
1/4 l Milch
20 dag Rosinen
5 dag Aranzini

Topfentorte „Almhütte"

Zucker und Eier mit den Geschmackszutaten sehr gut schaumig rühren, Topfen einmischen und den Grieß unterheben. Den Teig in eine befettete, bemehlte Auflaufform oder Tortenform geben und glattstreichen. Dotter mit Wasser verrühren und über die Topfenmasse streichen.
Bei 180°C 1 Stunde backen. Diese Torte wird nicht gestürzt.

1,25 kg Topfen
25 dag Zucker
5 Eier
2 EL Grieß
Saft und Schale von einer Zitrone
2 Pkg. Vanillezucker
1 Schuß Rum
1 Dotter
1 KL Wasser

Topfentorte

- 1 Pkg. Biskotten
- 1/8 l Milch
- 3 Stamperl Rum
- 1 EL Zucker

Fülle:

- 3 Dotter
- 15 dag Zucker
- Saft und Schale einer Zirone
- 50 dag Topfen
- 6 Blatt Gelatine
- 1/4 l Milch
- 1/4 l Rahm

Eine Torten- oder Auflaufform mit Folie auslegen. Die Biskotten in einem Gemisch aus Milch, Rum und Zucker kurz eintauchen und den Tortenboden damit auslegen, Creme darüber verteilen, Biskotten daraufgeben, Creme verteilen und zum Abschluß wieder Biskotten. Die Torte mindestens 2 Stunden kaltstellen, in Stücke teilen und servieren.

Creme:

Topfen, Zucker, Dotter, Zitronenschale, und Zitronensaft sehr gut vermischen. Gelatine in kaltem Wasser einweichen, ausdrücken, in heißer Milch auflösen und zur Topfenmasse geben.
Zum Schluß den steifgeschlagenen Rahm in die Masse einheben.

Abbildungen auf den folgenden vier Seiten:

Paprikakoteletts (Rezept auf Seite 103)
Salzburger Bierfleisch vom Fohlen mit Polentanockerln (Rezept auf Seite 162)
Gekochtes vom Salzburger Naturbeef (Rezept auf Seite 29)
Gasteiner Bauernkrapfen mit Sauerkraut und Marmelade (Rezept auf Seite 113)

Zacherlbräu
Zacherl-

Tennengau - Kleinod am Fuße der Alpen

Wie in keinem anderen der Salzburger Gaue legte die Natur im Tennengau „Balkone" an, auf denen die Aussicht einem fast den Atem nimmt: Dürrnberg, Oberlangenberg, Hochreith, Radochsberg, einen Stock darüber die Matten zwischen Schlenken und Gamsfeld und schließlich über allem die Dachterrassen des Tennengebirges und des Göllstockes. Jahrhundertelange Bauernarbeit kultivierte diese Natur zu einem Park, von dem nicht nur Einheimische sondern auch Gäste schwärmen. Buschreihen, Zäune, bodenständig gewachsene breit bedachte Einzelhöfe prägen die Landschaft. Karg war die Kost der Bauern. Oft stand Schmalzkost auf dem Speiseplan - schließlich brauchte man viele Kalorien für die anstrengende Arbeit. Als Voressen gab es Sauerkraut, Rohnen oder andere Salate. Nicht nur heutige Ernährungskenntnisse sagen uns also, daß man den Salat vor dem Essen genießen soll. Früher war das ebenso üblich. Für den Winter wurden Vorräte angelegt und die Produkte am eigenen Hof verarbeitet. Topfen, Butter, Käse, Brot, Sauerkraut gab es beinahe auf jedem Bauernhof. Auch heute veredeln viele Bauern und Bäuerinnen ihre Produkte und verkaufen ab Hof oder auf einem der vielen Bauernmärkte. Probieren Sie eine der Spezialitäten aus.

Suppen & Vorspeisen

Bärlauchsuppe

Zwiebel fein hacken, in Butter anrösten, Mehl unterrühren, kurz anrösten, mit kalter Suppe aufgießen und etwa 5 Minuten kochen lassen. Den Bärlauch waschen, blanchieren, abseihen, kalt abschwemmen und in dünne Streifen schneiden. In die Suppe geben, mit Salz, Peffer, Muskatnuß und Knoblauch würzen und im Mixer pürieren. Suppe nochmals erhitzen, Rahm steif schlagen, beifügen und die Suppe vorsichtig durchrühren.
Mit knusprig gerösteten Weißbrotwürfeln und nudelig geschnittenem Bärlauch bestreuen.

10 dag Zwiebel
2 EL glattes Mehl
1 l Suppe
10 dag Bärlauch
Salz
Pfeffer
Muskat
4 kleine zerdrückte Knoblauchzehen
4 dag Butter
4 EL Rahm
Weißbrotwürfel und geschnittener Bärlauch zum Bestreuen

Stosuppe

1/4 l Sauermilch
1/4 l Suppe
1/8 l Rahm
1/8 l Most
15 dag Topfen
3 dag Butter
10 dag Erdäpfel, gekocht und passiert
Salz
Pfeffer
1 TL Kümmel
Brotwürfel als Einlage

Suppe mit Kümmel aufkochen, Sauermilch mit Topfen verrühren, in Suppe einrühren, Most, passierte Erdäpfel und Rahm untermischen, würzen und alles gut verkochen lassen.
Zum Schluß die Butter einmixen.

Knoblauchsuppe

1 Zwiebel
1 Knoblauchknolle
4 dag Butter
2 dag Mehl
1 l Suppe
1/8 l Crème fraîche
Salz
Pfeffer
einige Tropfen Tabascosauce

Feingehackte Zwiebel und Knoblauch mit dem Mehl in Butter zu goldgelber Farbe rösten, aufgießen, glatt verrühren und ca. 1/2 Stunde leicht kochen lassen. Während der letzten 10 Minuten Crème fraîche unterrühren und mitkochen. Zum Schluß mit Salz, Pfeffer und scharfer Sauce abschmecken. Geröstete Brotwürfel als Einlage nehmen.

Mit Schnittlauch bestreut servieren.

Sauerkrautsuppe

Würfelig geschnittene Zwiebel anrösten, Faschiertes dazugeben und kräftig rösten. Essiggurkerl würfelig schneiden, Tomatenmark, Gewürze und Sauerkraut beimengen, mit Suppe aufgießen und 30 Minuten kochen lassen.

Mit Schnittlauch bestreut servieren.

- 2 Zwiebeln
- 30 dag Faschiertes
- 2 Essiggurken
- 1 Dose Tomatenmark
- 4 EL Sauerkraut
- 1 l Suppe
- Salz
- Pfeffer
- 1/2 TL Kümmel

Käsesalat

Edamer, Banane, Apfel, Essiggurken und Paprika in Streifen schneiden. Sauerrahm, Zitronensaft, Salz, Schnittlauch und Petersilie glatt verrühren, mit den Salatzutaten vermengen und 1 Stunde ziehen lassen. Nochmals abschmecken und den Käsesalat auf marinierten Salatblättern anrichten.

Frische Vollkornweckerl mit Butter schmecken ausgezeichnet zu diesem Salat.

- 40 dag Edamer
- 1 Banane
- 1 säuerlicher Apfel
- 2 Essiggurken
- 1 roter Paprika
- 4 EL Sauerrahm
- Saft einer Zitrone
- Salz
- 1/2 Bund Schnittlauch
- 1 TL Petersilie
- Salatblätter

Rindfleischsalat

70 dag gebratenes Rindfleisch
3 Essiggurken
1 Zwiebel
1 grüner Paprika
10 dag Maiskörner
Salz
Pfeffer
Essig
Öl

Alle Zutaten kleinwürfelig schneiden, mit Salz, Pfeffer, Essig und Öl marinieren, 2 Stunden ziehen lassen.
Vor dem Servieren nochmals abschmecken.

Frühlingssalat

1 kleiner Kopfsalat oder Eissalat
1 Bund Radieschen
1/2 grüner Paprika
3 EL Kresse
2 EL Petersilie und Dill
Schnittlauch
3 EL Sauerrahm
Kräutersalz
Essig

Salat putzen, waschen und abtropfen lassen. Radieschen blättrig schneiden, Paprika nudelig schneiden, Kresse beimengen und gut durchmischen. Sauerrahm, Essig, Kräuter und Gewürze glatt verrühren, über den Salat gießen und locker durchmischen.

Karotten-Apfel-Rohkost

Karotten und Äpfel fein reiben, mit Zitronensaft beträufeln, gehackte Nüsse untermischen, würzen und mit Rahm verfeinern.

- 30 dag Karotten
- 20 dag Äpfel
- Saft von 2 Zitronen
- Salz
- 1 EL Zucker
- 2 EL grobgehackte Walnüsse
- 3 EL Rahm

Hauptspeisen

Überbackener Porree

- 3 Porreestangen
- 8 Scheiben Schinken
- etwas Senf
- 4 dag Mehl
- 4 dag Butter
- 1/4 l Milch
- 10 dag Emmentaler
- 1 EL Brösel
- 2 EL Butter

Porreestangen putzen, waschen, in 10 cm lange Stücke schneiden, in Salzwasser kochen und gut abtropfen lassen. Butter erhitzen, Mehl leicht anschwitzen, mit Milch aufgießen, würzen, die Hälfte des geriebenen Käses beimengen und kurz verkochen lassen. Porree mit leicht mit Senf bestrichenen Schinken umwickeln und in eine befettete Auflaufform schichten, mit der Sauce übergießen, Brösel und Butterflocken darauf verteilen und bei 200°C 20 Minuten überbacken.

Dazu serviert man Petersilerdäpfel.

Hirselaibchen

- 30 dag Hirse
- 1 l Wasser
- 1 Zwiebel, 1 Ei
- Salz, Petersilie
- 5 dag Emmentaler
- 5 dag Speck
- Fett zum Braten

Hirse am Vortag einweichen, salzen und mit dem Einweichwasser 30 Minuten kochen. Würfelig geschnittene Zwiebel und Speck andünsten, in die überkühlte Hirsemasse geben, würzen, würfelig geschnittenen Emmentaler und Ei daruntermischen, Laibchen formen und in wenig Fett auf beiden Seiten goldgelb backen.

Karfiollaibchen

Karfiol in Salzwasser weichkochen, abseihen und fein hacken. Eier, Brösel, feinwürfelig geschnittene Zwiebel und Schinken, gehackte Petersilie, gehackten Porree und Gewürze beimengen. Aus der Masse Laibchen formen, in Bröseln wälzen und in Fett auf beiden Seiten knusprig braten.

1 Karfiolrose
3 Eier
10 dag Semmelbrösel
10 dag Schinken
1 Zwiebel
5 dag Porree
2 EL Petersilie
Salz
Pfeffer
Muskatnuß
Butterschmalz zum Braten

Weißkrauteintopf

Nudelig geschnittene Zwiebel in Butter anrösten, Weißkraut, nudelig geschnittene Paprika, blättrig geschnittene Tomaten beimengen, würzen, Reis und würfelig geschnittene Braunschweiger untermengen, mit 1/4 l Wasser aufgießen und 30 Minuten dünsten.

Dazu ißt man Schwarzbrot.

2 dag Butter
2 Zwiebeln
1/2 Kopf Weißkraut
2 grüne Paprika
4 Tomaten
2 Knoblauchzehen
1 Tasse Reis
30 dag würzige Wurst (z.B. Braunschweiger)
Salz
Pfeffer
Kümmel
Lorbeer

Spinatstrudel mit Schafkäse

Strudelteig:

20 dag glattes Mehl
Salz
3 dag Öl
1/16 l Wasser

Fülle:

40 dag Blattspinat
4 dag Butter
1 kleine Zwiebel
5 dag Schinken
1 Knoblauchzehe
Salz
Pfeffer
25 dag heimischer Schafkäse

Mehl, Salz, Öl und Wasser zu einem glatten Strudelteig verarbeiten, eine Kugel formen, mit Öl bestreichen und 1/2 Stunde rasten lassen. Spinat waschen, blanchieren und abkühlen lassen. Würfelig geschnittene Zwiebel in Butter anrösten, feinwürfelig geschnittenen Schinken beimengen, grob gehackten Spinat beimengen, würzen und dünsten lassen. Strudelteig ausziehen, 2/3 mit Spinatmasse bestreichen, würfelig geschnittenen Käse verteilen, Strudel einrollen, aufs Blech geben, bei 180°C ca. 30 Minuten backen.

Apfel-Leber-Schnitzel

4 Leberschnitzel vom Schwein (ca. 50 dag)
2 Zwiebeln
3 Äpfel (Boskop)
3 dag Butter
Wasser zum Aufgießen
1 EL Mehl zum Stauben
1 TL Paprikapulver
Salz

Zwiebelringe und geschälte, blättrig geschnittene Äpfel leicht anrösten, mit Paprikapulver bestreuen und mit wenig Wasser aufgießen. Die ungesalzenen Leberschnitzel darauflegen und 20 Minuten weichdünsten.

Leber erst vor dem Servieren salzen!

Geschnetzeltes Hühnerfilet

Das in dünne Streifen geschnittene und gewürzte Hühnerfilet in Butter goldbraun anbraten. Fleisch herausnehmen. Feingehackte Zwiebel anrösten, blättrig geschnittene Champignons beimengen und 5 Minuten dünsten lassen, Senf einrühren, mit Wein aufgießen, würzen, Rahm beimengen und verkochen lassen. Das Fleisch zur Sauce geben, erhitzen und mit Zitronensaft abschmecken.
Zum Schluß Kräuter beimengen und mit gedünstetem Reis und grünem Salat servieren.

60 dag Hühnerbrustfilets
Butter zum Anbraten
Salz
Pfeffer
1 Zwiebel
1 EL Kräuter (Petersilie, Basilikum, Thymian)
25 dag Champignons
1/8 l Weißwein
1/4 l Rahm
Zitronensaft
1 TL Estragonsenf

Gefüllte Schweinsschnitzel

Champignons waschen, putzen, fein hacken und mit dem feinwürfelig geschnittenem Zwiebel in Fett anrösten und erkalten lassen. Schnitzel klopfen, salzen und pfeffern, mit dem Champignon-Zwiebelgemisch bestreichen, Käse und Schinken darauflegen. Schnitzel zusammenlegen, mit Zahnstocher befestigen, mit Mehl, Ei und Brösel panieren und in heißem Fett goldbraun backen.

Dazu passen Petersilerdäpfel und gemischter Salat.

4 Schweinsschnitzel
Salz
Pfeffer
15 dag Champignons
1 Zwiebel
8 Scheiben Toastschinken
8 Scheiben Tilsiter
Panier
Mehl
Ei
Brösel

Truthahnschnitzel mit Mandelkruste

4 Truthahnschnitzel
Salz
2 EL Mehl

Kruste:
1 Ei
3 EL Mehl
2 Scheiben Schinken
2 EL gestiftelte Mandeln oder Mandelblätter
1 EL Öl
ca. 1/4 l Bier
Butterschmalz zum Backen

Dotter, Mehl, nudelig geschnittenen Schinken, gestiftelte Mandeln, Salz mit Bier zu einem dicken Teig verrühren, zum Schluß steifgeschlagenen Schnee und Öl untermengen. Die geklopften und gesalzenen Schnitzel in Mehl tauchen, durch den Backteig ziehen und in heißem Fett goldgelb backen.

Dazu serviert man Petersilerdäpfel und grünen Salat.

Salzburger Rahmschnitzel

4 Kalbsschnitzel
Salz
Pfeffer
2 EL Öl
2 dag Butter
6 dag Speck
1 Zwiebel
15 dag Erbsen
1/8 l Crème fraîche
1/8 l Sauerrahm

Schnitzel leicht klopfen, würzen, in heißem Öl beidseitig anbraten, Schnitzel aus der Pfanne nehmen und den Bratenrückstand mit etwas Wasser lösen. Bratensaft aufheben. Würfelig geschnittene Zwiebel und Speck in Butter anrösten, Schnitzel einlegen, Crème fraîche, Sauerrahm und Bratensaft vermischen, in die Pfanne geben, abschmecken, Erbsen dazugeben und das Fleisch in dieser Sauce weichdünsten.

Majoranfleisch

Rindfleisch in 2 cm große Würfel schneiden, würzen. Ringelig geschnittene Zwiebeln anrösten, Fleischwürfel beifügen und gut anbraten, mit einem Schuß Essig ablöschen, aufgießen und weichdünsten. Vor dem Servieren mit einem Mehlteigerl oder einem geriebenen Erdapfel binden.

Dazu passen gut Nockerl, *Teigwaren, Reis oder Petersilerdäpfel.*

60 dag Wadschinken
4 dag Butterschmalz
2 Zwiebeln
2 Knoblauchzehen
Suppe zum Aufgießen
1 EL Majoran
Salz
Pfeffer
Thymian

Fleischtopf

Würfelig geschnittene Zwiebel in Butterschmalz anrösten, würfelig geschnittenes Fleisch mitrösten, würzen, mit wenig Flüssigkeit aufgießen und dünsten lassen. Kraut feinnudelig schneiden, Karotten, Sellerie und Erdäpfel würfelig schneiden. Gemüse in Butter kurz andünsten, würzen aufgießen und dünsten lassen. In eine Jenaerform eine Lage Gemüse geben, Fleisch darauf verteilen und mit Gemüse bedecken. Das Ganze ins Rohr geben und bei 180°C 10 Minuten durchziehen lassen.

Dazu serviert man Schwarzbrot.

50 dag Rindfleisch
1 Zwiebel
2 EL Butterschmalz
Salz
Pfeffer
Majoran
1/2 Krautkopf
2 Karotten
2 Erdäpfel
1/4 Sellerie
1/2 l Wasser
Salz
Pfeffer
1 Lorbeerblatt
Kümmel
2 EL Butter

Tennengauer Bierfleisch

- *70 dag Rindfleisch (Wadschinken)*
- *1 EL Butter*
- *15 dag Speck*
- *2 Zwiebeln*
- *1/2 l dunkles Bier (vom Hofbräuhaus Kaltenhausen)*
- *2 EL Mehl*
- *Salz*
- *Pfeffer*
- *Thymian*
- *1 Lorbeerblatt*
- *1 KL Zucker*
- *Schuß Essig*

Feingeschnittene Zwiebeln in Butter anrösten, würfelig geschnittenes Fleisch und Speck gut braun rösten. Mit Mehl stauben, mit Bier aufgießen, würzen, zugedeckt weichdünsten.
Mit Zucker und Essig abrunden.

Hollerkoch

- *1 l Hollerbeeren*
- *1 l Wasser*
- *1/2 l Wasser*
- *5 EL Mehl*
- *1 Prise Salz*
- *Zucker nach Geschmack*
- *1 Zimtrinde*

Holler und Wasser 20 Minuten kochen und durch ein Tuch abseihen. Wasser mit Mehl und einer Prise Salz glatt verrühren, dieses Teigerl in das heiße abgeseihte Holler-Wasser-Gemisch einrühren, 20 Minuten köcheln lassen. Zum Würzen Zimtrinde und Zucker nach Geschmack mitkochen.
Zum Schluß mit einem Schuß Obstler verfeinern.

Strauben

Aus Mehl, Eiern, Salz und Milch einen nicht zu weichen Teig bereiten. Mit dem Trichter oder einem Schnabelhäferl den Teig ins heiße Fett laufen lassen, von beiden Seiten backen. Anzuckern und servieren.

- 40 *dag Mehl*
- 4 *Eier*
- *Salz*
- 1/2 *l Milch*
- *Butterschmalz zum Backen*
- *Zucker zum Bestreuen*

Tennengauer Prügelkrapfen

Alle Zutaten gut vermischen, mit dem Nudelwalker fest schlagen, bis kleine Blasen entstehen. Den Teig dann mindestens 2 Stunden kalt rasten lassen. Dünn auswalken, Vierecke ausschneiden, diese in der Mitte zweimal einschneiden, mit dem Kochlöffel auffädeln, in heißem Fett backen und bezuckert servieren.

- 50 *dag Mehl*
- 12 *dag Butter*
- 2 *Eier*
- 1/4 *l Sauerrahm*
- *Salz*

Abtenauer Haubenkrapfen

- 1 kg Weizenmehl
- 2 dag Germ
- 1 Ei
- Salz
- 1TL Zucker
- 1/2 l Milch
- 8 dag zerlassenes Butterschmalz
- Fett zum Backen

Mehl, Salz, Zucker in eine Schüssel geben, in der Mitte eine Vertiefung machen, Germ einbröseln, lauwarme Milch dazugeben und den Germ gehen lassen. Zerlassenes Butterschmalz, Ei und restliche Milch beimengen und einen eher weichen Teig herstellen. Den Teig gut abschlagen und mindestens 1 Stunde gehen lassen. Mit einem Löffel gleichmäßige Portionen ausstechen, schleifen und zugedeckt 10 Minuten gehen lassen. Mit dem Nudelwalker handflächengroß auswalken und wieder 10 Minuten gehen lassen. Nun mit beiden Händen von der Mitte her hauchdünn ausziehen. Der Rand muß fingerdick bleiben. Den Krapfen ins heiße Fett „schmeißen“ und nach dem Aufgehen mit einem Schöpflöffel mit heißem Fett übergießen.

Frühlingsrollen mit Pilzsauce

Gesalzenes Mehl mit Butter abbröseln, mit dem Topfen zu einem Teig kneten, 30 Minuten kühl rasten lassen. 1 cm dick auswalken, zusammenschlagen und wieder 30 Minuten rasten lassen. Diesen Vorgang 3 x wiederholen.

Fein geschnittene Zwiebel, blättrig geschnittene Champignons, fein gehobeltes Kraut, blättrig geschnittene Karotten mit den frischen Erbsen in Butter 15 Minuten dünsten, würzen, überkühlen lassen und den in Würfel geschnittenen Käse untermengen.

Für die Sauce feingehackte Zwiebel mit den blättrig geschnittenen Pilzen anrösten, mit Wasser aufgießen, würzen und 15 Minuten köcheln lassen, mit Crème fraîche binden, mit Zitronensaft abschmecken und zum Schluß feingehackte Petersilie untermengen.
Teig auswalken in 8 15 x 20 cm große Rechtecke portionieren, mit Gemüsefülle belegen. Teigränder mit Eiweiß bestreichen, zusammenschlagen und festdrücken. Teigrollen mit Ei bestreichen und auf ein befettetes Blech legen, bei 220°C 25 Minuten backen.

Topfenblätterteig:

25 dag Mehl (man kann auch Vollmehl nehmen)
25 dag Topfen
25 dag Butter
Salz

Gemüsefülle:

10 dag Zwiebel
20 dag Champignons
20 dag Kraut
20 dag Karotten
5 dag Erbsen
20 dag Edamer
1 EL Butter
Salz, Pfeffer
Gemüsebrühwürfel
Basilikum

Pilzsauce:

5 dag Zwiebel
20 dag Eierschwammerl, Steinpilze oder Champignons
2 dag Butter
3/8 l Wasser
Salz
Pfeffer
Gemüsebrühwürfel
3 EL Crème fraîche
Zitronensaft
2 EL gehackte Petersilie

Topfenschmarrn

50 dag Topfen
3 Eier
1/4 l Rahm
1 EL Maizena
15 dag glattes Mehl
10 dag Butter
1 Prise Salz
2 EL Zucker

Topfen, Salz, Zucker, Rahm und Dotter gut vermischen, Maizena und Mehl abwechselnd mit dem steifgeschlagenen Schnee untermischen. Butter in der Pfanne erhitzen, Topfenmasse fingerdick einfüllen und auf beiden Seiten goldgelb backen. Mit 2 Gabeln zerkleinern, mit Zucker bestreut servieren.

Kipferlschmarrn

8 Kipferl
3/16 l Milch
2 dag Zucker
1 Vanillezucker
1 Prise Zimt
8 dag Butter
3 dag Rosinen

Milch, Eier, Zucker, Vanillezucker und Zimt gut versprudeln, über die blättrig geschnittenen Kipferl gießen. Diese Masse in eine mit Butter befettete Form geben, mit Rosinen bestreuen und 25 Minuten bei 180°C backen. Mit einer Gabel zerteilen, anrichten und mit Zucker und Zimt bestreuen.
Dazu reicht man Zwetschkenröster oder ein Kompott.

Anstatt Kipferl kann man auch Semmeln vom Vortag verwenden.

Gebäck & Nachspeisen

Heidelbeer-Reis-Dessert

Naturreis in Wasser kochen und auskühlen lassen. Topfen, Zitronensaft, Zucker oder Honig und Rahm zu einer cremigen Masse verrühren, mit dem Reis vermischen.
Zum Schluß die Heidelbeeren untermischen.

- *10 dag Naturreis*
- *3/8 l Wasser*
- *20 dag Topfen*
- *Saft einer Zitrone*
- *Zucker oder Honig nach Geschmack*
- *1/8 l Rahm*
- *25 dag Heidelbeeren*

Sauerrahmkuchen

Dotter und Zucker schaumig rühren, Sauerrahm und Öl einrühren, Kakao und Nüsse untermengen. Mehl mit Backpulver vermischen und abwechselnd mit dem Schnee unterheben. In eine befettete, bemehlte Form geben und bei 180°C 1 Stunde backen.

Das Maß ist der Sauerrahmbecher.

- *1 Becher Sauerrahm*
- *1 Becher Zucker*
- *1/2 Becher Öl*
- *3 Eier*
- *1 Becher Instantkakao*
- *1 Becher geriebene Nüsse*
- *1 Becher Mehl*
- *1 Pkg. Backpulver*

Ribiselkuchen

50 dag Mehl
25 dag Zucker
25 dag Butter
2 Eier
1 Pkg. Backpulver
1 Pkg. Vanillezucker
4 Eiklar
25 dag Staubzucker
50-75 dag Ribisel (rote, schwarze, gelbe)

Butter, Zucker, Vanillezucker und Dotter schaumig rühren. Das mit Backpulver vermischte Mehl abwechselnd mit dem steifgeschlagenen Schnee unterheben, auf befettetes und bemehltes Blech streichen, bei 180°C fast fertig backen. 4 Eiklar steif schlagen, Staubzucker einschlagen, Ribisel unterheben. Die Masse auf den Teig geben und noch ca. 15 Minuten fertig backen.

Joghurtschnitten aus Vollmehl

20 dag Butter
5 Eier
18 dag Zucker
2 Rippen Kochschokolade
25 dag Dinkelvollmehl
1 KL Backpulver

Belag:

3/4 l Joghurt
15 dag Zucker
1/4 l Rahm
Vanillezucker
Saft von 2 Zitronen
9 Blatt Gelatine

Butter, Zucker, Eier und erweichte Schokolade schaumig rühren, Mehl mit Backpulver vermischen und unterheben, auf ein befettetes, bemehltes Blech streichen, bei 180°C ca. 25 Minuten backen. Joghurt, Zucker, Vanillezucker verrühren, Gelatine einweichen, in heißem Zitronensaft auflösen und unter die Joghurtmasse rühren. Steifgeschlagenen Rahm unterheben. Etwas anziehen lassen, auf den Kuchen verteilen.

Sehr gut schmeckt es, wenn man Obst in die Joghurtmasse einrührt.

Lebkuchenbrot

Butter, Zucker und Eier schaumig rühren, gehackte Nüsse, Schokolade, Zwetschken, Rosinen und Aranzini untermengen. Mehl und Natron vermengen und mit Wasser untermengen. Soviel Wasser nehmen, daß der Teig schwer reißend vom Löffel fällt. Eine Kranzkuchenform befetten und bemehlen bei 180°C 1 Stunde backen.

- *15 dag Butter*
- *25 dag Rohzucker*
- *3 Eier*
- *38 dag Mehl*
- *1 Tasse lauwarmes Wasser*
- *1 KL Natron*
- *15 dag Aranzini*
- *15 dag Rosinen*
- *15 dag Schokolade*
- *15 dag Nüsse*
- *5 dag getrocknete Zwetschken*

Tilsiterstangerl, ofenfrisch

Mehl salzen, in eine Schüssel geben, in der Mitte eine Vertiefung machen, Germ einbröseln, mit Milch aufgießen und das Dampfl gehen lassen.
Geriebenen Tilsiter und zerlassene Butter untermengen und einen mittelfesten Teig bereiten. Den Teig eine Stunde rasten lassen.
Den Teig 3 mm dick auswalken, mit zersprudeltem Ei bestreichen, mit geriebenem Tilsiter bestreuen, Kümmel daraufgeben, in Stangerl schneiden und bei 200°C backen.

- *50 dag Mehl*
- *25 dag Butter*
- *15 dag Tilsiter*
- *1/8 l Milch*
- *2 dag Germ*
- *10 dag geriebener Tilsiter*
- *Kümmel*
- *Salz*

Pongau - der Bergbauernbezirk

Zunächst einmal darf der Pongau als klassisches Bergbauernland gelten, in dem der Hörndlbauer von der Saftigkeit der Almweiden profitiert, während der Körndlbauer hier kaum etwas zu säen und zu ernten vorfinden würde. Wer kennt sie nicht, die besonderen Schnäpse von der Pongauer Sonnenterrasse?! Vogelbeer-, Holler- oder gar Zwetschken- und Kirschschnaps gibt's in Hülle und Fülle. Diese Gegend ist ja auch bekannt für die besten Kirschen weit und breit. Die Kost der Bauern früher war einfach und wenig abwechslungsreich. Berühmt ist die Pongauer Schottsuppe, der man ja sogar Heilwirkung nachsagt. Darum wird sie ja wohl auch im Krankenhaus Schwarzach auf dem Speiseplan stehen. Die Schottsuppe wurde oft schon zum Frühstück gegessen. Auch Muas mit verschiedenen Früchten, Krapfen mit Sauerkraut, Schöpsernes oder Käsegerichte standen auf dem Speisezettel. Man nützte die Früchte der Erde und „zauberte" gute Gerichte auf den Tisch. Milch - auch Ziegenmilch - war eines der wichtigsten Lebensmittel.

Suppen & Vorspeisen

Pongauer Schottsuppe

Brot in feine Schnitten schneiden und in den Suppentopf geben. Schotten mit kochendem Wasser und den Gewürzen verquirlen und 2-3 Minuten ziehen lassen, mit Rahm verfeinern, über das Brot gießen und mit Schnittlauch bestreut servieren.

25 dag Schotten
1 l Wasser
15 dag Schwarzbrot
Salz, Kümmel
1/8 l Rahm

Würzige Roggensuppe

Roggenschrot, Kümmel, Koriander und Fenchel trocken anrösten, mit Wasser aufgießen, würzen, Kräuter beimengen und 15 Minuten köcheln lassen.
Mit Rahm abrunden und mit viel Schnittlauch bestreut servieren.

6 dag Roggenschrot
1 l Wasser
2 Gemüsebrühwürfel
1 TL Kümmel
Petersilie, Basilikum
je 1/2 KL gemahlener Fenchel und Koriander
1/8 l Rahm
Schnittlauch

Bunter Aufstrich

10 dag Butter
25 dag Topfen
3 Sardinen
2 gekochte Eier
8 dag Schinken
3 Essiggurkerl
Kräutersalz

Butter und Topfen abtreiben, würzen, die übrigen Zutaten fein würfelig schneiden und in die Topfenmasse mischen. Mit Schnittlauch bestreuen.

Zigeunertopfen

25 dag Topfen
3 EL Sauerrahm
Kräutersalz
1/2 grüner Paprika
1/2 Zwiebel
2 Essiggurkerl
2 Blatt Toastschinken

Topfen, Sauerrahm und Kräutersalz zu einer cremigen Masse verrühren, die restlichen Zutaten fein würfelig schneiden und untermengen.
Mit Schnittlauch bestreuen und zu Vollkornweckerl oder frischem Schwarzbrot servieren.

Heringaufstrich

2 ausgelöste Salzheringe
3 gekochte Erdäpfel
1 Apfel
1 Zwiebel
2 Zehen Knoblauch
20 dag Butter
Salz
Pfeffer

Salzheringe, gekochte Erdäpfel, geschälten und geviertelten Apfel, Zwiebel und Knoblauch durch den Fleischwolf drehen und mit Butter gut abtreiben, würzen und kühl stellen.

Feine Kresse-Rahm-Suppe

Kresse waschen und grob hacken. Die Zwiebeln fein würfelig schneiden und in der Butter glasig dünsten. Mit dem Weißwein ablöschen und etwas einkochen lassen. Mit Rindsuppe aufgießen und aufkochen. Einen Teil der Kresse dazugeben und die Suppe von Herd nehmen. Den Rahm mit Mehl vermischen und in die Suppe einrühren. Restliche Kresse dazugeben und mit Salz und den Gewürzen abschmecken.

Als Einlage schmeckt geröstetes Schwarzbrot sehr gut.

1 Tasse Kresse
2 Zwiebeln
1 EL Butter
1/8 l herber Weißwein
3/4 l Rindsuppe
1/8 l Rahm
1 TL Mehl
Salz
Pfeffer
Knoblauch

Leberreissuppe

Erweichte Butter mit faschierter Leber, Gewürzen, Ei und Brösel gut vermischen, abschmecken. Durch das Spätzlesieb in die kochende Suppe streichen. 5 Minuten leicht ziehen lassen.

12 dag Leber vom Rind
7 EL Brösel
1 Ei
4 dag Butter
1 Knoblauchzehe
Salz
Majoran
Petersilie, gehackt

Hauptspeisen

Sennerinnenspeis

8 dünne Scheiben Weißbrot
4 Scheiben Käse (Butterkäse, Edamer)
2 Eier
Salz
Pfeffer
Fett zum Backen

Zwischen 2 Weißbrotscheiben 1 Scheibe Käse legen. Eier mit Salz und Pfeffer verquirlen, Weißbrot darin wälzen und in heißem Fett herausbacken.

Mit grünem Salat servieren.

Gemüseschnitzel

90 dag Gemüse (Karotten, Sellerie, Erbsen, Zucchini, Kohlrabi)
5 EL Mehl
2 Eier
Salz
Muskatnuß
2 EL Petersilie
2 EL Butter
4 EL Brösel

Gemüse waschen, putzen und feinreiben. 1/3 des Gemüses in wenig Fett dünsten, wieder zusammenmischen. Eier, Mehl, gehackte Petersilie und Gewürze mit dem Gemüse mischen und 1/2 Stunde durchziehen lassen.
Schnitzel formen und in heißer Butter auf beiden Seiten braun backen.

Geflügelsalat

Alle Zutaten würfelig schneiden, würzen, Mayonnaise und Joghurt gut verrühren, über das Fleisch geben, gut mischen, 1 Stunde ziehen lassen, abschmecken, auf marinierten Salatblättern anrichten.

- 40 dag gekochtes oder gebratenes Hendlfleisch (Reste)
- 10 dag gekochter Sellerie
- 1 Apfel
- 2 Ananasscheiben
- 1 Banane
- Salz
- Pfeffer
- 1 TL Curry
- 2 EL Mayonnaise
- 2 EL Joghurt

Knackiger Gemüsetoast

Erdäpfel kochen, schälen und mit einer Gabel zerdrücken. Karotten waschen, putzen und kleinwürfelig schneiden. Karfiol waschen, putzen, in Röschen teilen und beides in Salzwasser bißfest kochen. Erbsen im Salzwasser blanchieren. Gemüse abseihen, mit zerdrückten Erdäpfeln, Crème fraîche, Schnittlauch, der Hälfte des grob geriebenen Emmentalers vermengen und mit Knoblauch, Salz und Pfeffer würzen.
Gemüsemasse auf den Brotscheiben verteilen, mit restlichem Käse bestreuen und im vorgeheizten Rohr bei 200°C 5 Minuten überbacken.

- 15 dag Erdäpfel
- 15 dag Karotten
- 12 dag Karfiol
- Salz
- 12 dag Erbsen (tiefgekühlt)
- 1 Becher Crème fraîche
- 3 EL Schnittlauch
- 15 dag Emmentaler
- 2 Knoblauchzehen, zerdrückt
- 4 Scheiben Vollkorntoast

Champignonleber

60 dag Schweinsleber
30 dag Champignons
2 grüne Paprika
2 Tomaten
2 Zwiebeln
1 TL Paprikapulver
1 EL Tomatenmark
Salz
Pfeffer
Majoran
Suppe
gehackte Petersilie
Öl

Tomaten überbrühen, häuten und kleinwürfelig schneiden. Die Hälfte der kleinwürfelig geschnittenen Zwiebel in Fett anrösten, in Streifen geschnittene Leber mitrösten und mit Pfeffer und Majoran würzen. Leber aus der Pfanne nehmen. Nun restlichen Zwiebel anrösten, blättrig geschnittene Champignons mitrösten, mit Paprikapulver und Tomatenmark würzen, enthäutete und zerkleinerte Tomaten, würfelig geschnittenen Paprika beimengen, aufgießen. Leber einlegen und alles zusammen 15 Minuten dünsten.

Leber erst vor dem Servieren salzen.

Gewickelter Rostbraten

4 große Rindschnitzel
1 kleiner Krautkopf
15 dag Faschiertes
5 dag Schinken
Salz
Pfeffer
Kümmel
1/2 l Suppe
Fett zum Anbraten

Kraut feinnudelig schneiden und in etwas Fett dünsten. Mit dem Faschierten und dem würfelig geschnittenen Schinken vermengen, würzen. Schnitzel klopfen, würzen, mit Fülle bestreichen, einrollen und mit Zwirn befestigen. Rouladen braun anbraten, mit Suppe aufgießen und dünsten lassen.
Sauce mit Sauerrahm und Zitronensaft verfeinern.

Paprikakoteletts

Koteletts klopfen, würzen, auf einer Seite in Mehl tauchen, in Fett auf beiden Seiten gut anbraten, Koteletts warmstellen. Würfelig geschnittene Zwiebel und Speck anrösten, Paprika fein nudelig schneiden und beimengen, Paprikapulver dazugeben, mit Wasser aufgießen - 10 Minuten leicht kochen lassen, Mehl mit Sauerrahm verrühren, die Sauce damit binden, abschmecken und über die Koteletts geben.

Mit Salzerdäpfeln, „wildem Reis" und Salat servieren.

4 Schweinskoteletts
Salz
Pfeffer
Fett zum Anbraten
10 dag Speck
1 Zwiebel
Paprikapulver
2 EL Sauerrahm
1 EL Mehl
1 grüner Paprika

Zwiebelrostbraten vom Salzburger Naturbeef

Schnitzel zart klopfen, die Randhaut entfernen, würzen, in Öl rosa braten - herausnehmen - im Rohr bei 80°C 10 Minuten rasten lassen. Bratensaft mit Suppe ablöschen, abschmecken. Nudelig geschnittene Zwiebeln mit einem Gemisch aus Mehl und Paprika bestreuen und in Öl braun backen.
Den Natursaft am Teller über das Schnitzel gießen und mit Röstzwiebel bestreuen.

4 Schnitzel vom Salzburger Naturbeef (Schale, Nuß oder dicke Schulter)
2 Zwiebeln
Salz
Pfeffer
Öl zum Braten

Rinderfilet mit Pfifferlingen

- 60 *dag* Rindslungenbraten
- Salz
- Pfeffer
- Öl zum Anbraten
- 3 *dag* Butter
- 30 *dag* Eierschwammerl
- Weinbrand zum Löschen
- 1/8 *l* Rahm

Lungenbraten in 4 Scheiben schneiden, würzen und in heißem Öl auf beiden Seiten braten. Das Fleisch herausnehmen, im Bratenrückstand Butter aufschäumen lassen, darin die Pfifferlinge anbraten, mit Weinbrand löschen, mit Rahm aufgießen, abschmecken. Das Fleisch in die Sauce geben und einige Minuten ziehen lassen.

Gefülltes Kalbsschnitzel mit Currysauce

- 4 Kalbsschnitzel
- Salz, Pfeffer
- 4 Bananen
- Mehl
- 1 Ei
- Brösel
- Fett zum Backen

Currysauce:

- 4 EL Früchte (Apfel, Birne, Pfirsich, Trauben)
- 1 EL Butter
- 1 EL Mehl
- 1/8 *l* Milch
- 2 EL Rahm
- Salz, Pfeffer, Curry

Schnitzel leicht klopfen, würzen, mit Banane belegen, zusammenlegen und mit Zahnstocher befestigen. Mit Mehl, Ei und Brösel panieren, in heißem Fett backen.

Currysauce:
Butter erhitzen, Mehl beimengen, mit Milch aufgießen, würzen und alles sehr gut verrühren. Obst beimengen und mit Rahm binden.

Abbildungen auf den folgenden vier Seiten:

Topfenknödel mit Zwetschkenröster
(Rezepte auf den Seiten 111 und 149)
Abtenauer Haubenkrapfen (Rezept auf Seite 88)
Tennengauer Prügelkrapfen (Rezept auf Seite 87)
Topfenrahmnockerln mit Erdbeeren
(Rezept auf Seite 135)

Gulasch - fettlos

In eine Jenaerform schichtet man lagenweise Fleisch, nudelig geschnittene Zwiebeln und Gewürze, mit Wasser oder Suppe aufgießen und gut zugedeckt im Rohr bei 200°C ca. 2 Stunden dünsten. Nach gut 1 Stunde geschälte und in Würfel geschnittene Erdäpfel untermengen.

Dazu serviert man Polenta.

- 70 *dag Wadschinken*
- 70 *dag Zwiebel*
- 1-2 EL *Paprikapulver*
- 1 EL *Tomatenmark*
- *Salz*
- 1/2 El *Majoran*
- 1/4 EL *Kümmel*
- 1 *Knoblauchzehe*
- *Zitronenschale*
- 2 *Erdäpfel*

Scharfer Eintopf

Würfelig geschnittene Zwiebel und Knoblauch in Öl glasig werden lassen, blättrig geschnittenes Fleisch mitrösten, würzen, gut durchmischen, mit Suppe aufgießen und 20 Minuten dünsten lassen. Gemüse putzen und kleinwürfelig schneiden zum Fleisch geben und mitdünsten. Tomaten überbrühen, enthäuten und zerkleinern. Zum Eintopf geben und 5 Minuten köcheln lassen, abschmecken und falls notwendig, mit Mehl oder Crème fraîche binden.

Dazu reicht man Nockerl und Salat.

- 40 *dag Putenfleisch oder Hendlfleisch*
- 1 *Zwiebel*
- 1 *Knoblauchzehe*
- 2 EL *Öl*
- 4 EL *Tomatenmark*
- 1 EL *Paprikapulver*
- 1 TL *Curry*
- 1/2 TL *getrockneter Oregano*
- 1 *l Suppe*
- 40 *dag Gemüse (Karotten, Sellerie, Lauch...)*
- 2 *Tomaten*
- *Salz, Pfeffer*
- *Tabasco*

Schweineröllchen

- *1 kg Schnitzelfleisch*
- *Salz*
- *Senf*
- *Sardellenpaste*
- *8 dag Speck*
- *2 Essiggurkerl*
- *etwas Mehl*
- *Fett zum Braten*

Schnitzel klopfen, Ränder etwas einschneiden, leicht salzen, mit Senf und Sardellenpaste bestreichen, mit Speckstreifen und Essiggurkerlscheiben belegen, einrollen, mit Zahnstochern etwas befestigen, in Mehl wenden, in heißem Fett anbraten, mit Wasser oder Suppe aufgießen und weichdünsten, abschmecken.

Dazu schmeckt gut Reis und grüner Salat.

Kirschenmuas

- *50 dag Mehl*
- *3/8 l Wasser oder Milch*
- *Salz*
- *20 dag Butter*

Mehl salzen, mit kochendem Wasser oder Milch „abbrennen“, die Flüssigkeit einrühren, sodaß der Teig noch recht mehlig ist. In einer Pfanne Butter erhitzen, den Teig hineingeben und auf kleiner Flamme dünsten. Dabei mit einer Bratschaufel „stopfen“ d.h. zerkleinern bis das Ganze locker auseinanderfällt und eine goldgelbe Farbe hat. Zum Schluß gibt man frische Kirschen dazu, mischt gut unter damit sie heiß werden

Dazu gibt es heiße Milch.
Anstelle der Kirschen kann man auch blättrig geschnittene Äpfel oder Heidelbeeren untermischen.

Topfenbladl

Alle Zutaten zu einem glatten Teig verarbeiten und 1/2 Stunde rasten lassen. Den Teig dünn auswalken, Dreiecke mit ca. 15 cm Seitenlänge schneiden, in heißem Fett schwimmend backen.

Dazu serviert man Sauerkraut und ein Glas Milch.

- 25 *dag Topfen*
- 30 *dag Mehl*
- 2 EL *Sauerrahm*
- *Salz*
- 2 *dag* Butter
- 1 Ei

Topfenknödel mit Preiselbeerschaum

Zucker, Butter, Salz schaumig rühren. Eier nach und nach einrühren. Toastbrot entrinden und fein hacken. Mit Mehl und Zitronenschale vermischen, mit dem Abtrieb und dem Topfen vermischen. Mindestens 4 Stunden im Kühlschrank rasten lassen. Knödel formen, ins leicht kochende Wasser einkochen und 20 Minuten ziehen lassen. Für Butterbrössel zerlassene Butter mit Brösel, Zucker und Zimt vermischen. In Butterbrösel wälzen und mit Preiselbeerschaum servieren.

Preiselbeerschaum:
4 EL Preiselbeermarmelade oder Preiselbeerkompott in 1/4 l steifgeschlagenen Rahm vorsichtig unterheben.

- 10 *dag Zucker*
- 5 *dag* Butter
- 2 *Eier*
- *Salz*
- 8 *dag Weißbrot entrindet*
- 3 *dag Mehl*
- *Zitronenschale*
- 50 *dag Topfen*
- *Butterbrösel:*
- 15 *dag* Brösel
- 5 *dag* Butter
- 7 *dag Zucker*
- 1 *Messerspitze Zimt*

Kirschenmichl

- 50 *dag Sauerkirschen*
- 1 EL *Zucker*
- 8 *dag Zucker*
- 1 *Vanillezucker*
- 4 *dag altbackene Semmeln*
- *ca.* 1/4 *l* Milch
- 2 Eier
- 8 *dag* Butter
- 5 *dag* Grieß

Semmeln in Scheiben schneiden und mit heißer Milch übergießen. Sauerkrischen mit 1 EL Zucker und Vanillezucker vermischen. Butter, Zucker und Dotter schaumig rühren, eingeweichte Semmeln und Grieß einmengen, zum Schluß den steifgeschlagenen Schnee unterheben. Die Hälfte des Teiges in eine befettete Auflaufform geben, Kirschen darauf verteilen, den Teig abdecken und bei 200°C 45 Minuten backen.

Rohrnudeln

- 50 *dag* Mehl
- 1 Prise Salz
- 5 *dag* Zucker
- 5 *dag* Butter
- 2 *dag* Germ
- 2 Eier
- *ca.* 1/8 -1/4 *l* Milch
- 10 *dag* Marmelade
- 10 *dag* Butter

Mehl, Zucker, Salz vermischen in eine Schüssel geben, in der Mitte eine Vertiefung machen, Germ einbröseln, lauwarme Milch dazugeben und den Germ gehen lassen. Eier, zerlassene Butter, restliche Milch beimengen und den Teig gut abschlagen. Mind. 1/2 Stunde gehen lassen. Mit dem Löffel gleichmäßige Teigstücke ausstechen, auf ein bemehltes Brett geben. Teig auseinanderziehen, mit Marmelade füllen, zusammendrehen, in zerlassene Butter tauchen und eng in eine Kasserolle geben. Nochmals aufgehen lassen, bei 180°C backen.

Anstelle von Marmelade kann man auch eine entkernte Marille oder Zwetschke nehmen.

Gasteiner Bauernkrapfen

Mehl salzen und in eine Schüssel geben, in der Mitte eine Vertiefung machen, Germ einbröseln, Zucker und Milch beimengen, einen glatten Teig bereiten, gehen lassen. Mit einem Löffel den Teig portionieren, auf ein bemehltes Brett geben, schleifen und nochmals rasten lassen. Krapfen in der Mitte leicht flach drücken, zum Rand hin ausziehen, sodaß ein gleichmäßiger Rand entsteht. Im schwimmenden Butterschmalz backen. Dazu ißt man Sauerkraut.

Man kann die Krapfen aber auch süß mit Marmelade essen.

- 50 dag doppelgriffiges Mehl
- 2 Eier
- 3 dag Germ
- 6 dag Butter
- 1 EL Zucker
- 1/3 l Milch
- Salz
- Rum
- Anis
- Butterschmalz zum Backen

Zwetschkenknödel

Wasser, Milch, Salz und Butter aufkochen, Mehl beimengen und gut verrühren. Solange auf der Platte lassen bis sich ein Klumpen gebildet hat und am Topfboden ein weißer Belag ist. Den Teig überkühlen lassen, das Ei einrühren und 10 Minuten rasten lassen. Eine Rolle formen, 10-12 Teile abschneiden, Teig um die Zwetschken formen. Die Knödel im Salzwasser 15 Minuten leicht kochen lassen, in Butterbrösel wälzen und mit einem Glas Milch servieren.

- 20 dag glattes Mehl
- 1/8 l Milch
- 1/8 l Wasser
- 3 dag Butter
- 1 Prise Salz
- 1 Ei
- 10-12 Zwetschken
- Butter
- Brösel
- Zucker

Nachspeisen

Schwarzbeertascherl mit Bierteig

- 3/4 l frische Schwarzbeeren
- 1/4 l Milch
- 6 Eier
- 1/4 l Bier
- 1 EL Zucker
- ca. 5 EL Mehl
- 1 Prise Salz

Milch, Bier, Eier, Zucker und Salz verrühren, Mehl einrühren bis ein dickflüssiger Teig entsteht. Die Heidelbeeren vorsichtig unterheben. In die heiße Pfanne kleine „Tascherl" gießen und auf beiden Seiten goldgelb anbraten.
Mit Staubzucker bestreuen und mit einem Glas Milch servieren.

Topfen-Früchte-Auflauf

- 50 dag Topfen
- 15 dag Zucker
- 3 Eier
- 1/2 Pkg. Backpulver
- 1 Pkg. Vanillezucker
- 1 Prise Salz
- 4 EL Grieß
- 50 dag Obst
- Zitronenschale

Topfen, Dotter, Zucker, Vanillezucker und Zitronenschale schaumig rühren. Obst der Saison (Äpfel, Birnen, Pfirsich, Kirschen, Erdbeeren, Heidelbeeren ...) mit Grieß und dem Backpulver vermischen, zum Topfen geben, zum Schluß den steifgeschlagenen Schnee unterheben. In eine befettete Auflaufform geben, bei 190°C 1 1/4 Stunden backen.

Beates Apfeltraum

Äpfel schälen, Kerngehäuse ausstechen und kernig weich dünsten. Pudding zubereiten, auskühlen lassen, mit Topfen, Zucker und Rum cremig rühren. Butter und Kochschokolade zergehen lassen und glatt rühren. Mandelsplitter mit 3 EL von der Schokolade vermischen. Äpfel halbieren, mit Mandelsplitter füllen, auf die Pudding-Topfencreme setzen und mit der restlichen Schokoladensauce übergießen.

4 säuerliche Äpfel (z.B. Boskop, Zitronenapfel)
3/4 l Wasser
5 dag Zucker
1 Zimtrinde
2 Nelken
Saft von 1 Zitrone
Creme
1 Pkg. Pudding
1/2 l Milch
20 dag Topfen
Zucker nach Geschmack
1 EL Rum
15 dag Mandelsplitter
15 dag Kochschokolade
10 dag Butter

Topfen-Schokolade-Creme

Topfen, Sauerrahm, Milch, Rum und Zucker sehr cremig rühren, geriebene Schokolade untermengen, in Schüsserl anrichten und mit einem Tupfen Schlag verzieren.

25 dag Topfen
1 Becher Sauerrahm
1/8 l Milch
5 Rippen Schokolade
Zucker nach Geschmack
1 Stamperl Rum

Kirschkuchen

- *20 dag Butter*
- *4 Eier*
- *35 dag griffiges Mehl*
- *3/4 Pkg. Backpulver*
- *1 Pkg. Vanillezucker*
- *18 dag Staubzucker*
- *4 Rippen Kochschokolade*
- *Kirschen zum Belegen*

Butter, Zucker, Dotter und Vanillezucker schaumig rühren, erweichte Schokolade untermengen. Mehl mit Backpulver vermischen und abwechselnd mit dem steifgeschlagenen Schnee unterheben. Auf ein befettetes, bemehltes Blech streichen, mit entkernten Kirschen belegen und bei 180°C 30 Minuten backen.

Gold und Silber

Gold:

- *18 dag Zucker*
- *18 dag Butter*
- *5 Eidotter*
- *25 dag Mehl*
- *2 Pkg. Vanillezucker*
- *1/2 Pkg. Backpulver*
- *1/10 l Milch*

Silber:

- *18 dag Zucker*
- *18 dag Butter*
- *10 dag Mehl*
- *20 dag Haselnüsse gerieben*
- *5 Eiklar*
- *1/2 Pkg. Backpulver*
- *1/10 l Milch*

Gold:

Butter, Zucker, Vanillezucker, Dotter schaumig rühren, Mehl mit Backpulver vermengen und unterheben, Milch zugeben und alles zu einem lockeren Teig verrühren.

Silber:

Das Eiklar zu steifem Schnee schlagen, Butter und Zucker schaumig rühren, gemahlene Nüsse untermengen, mit Milch glattrühren, Mehl und Backpulver dazugeben, Eischnee unterheben. Die Teigarten schichtweise in eine befettete Tortenform füllen und 175°C ca. 60-70 Minuten backen.

Die fertige Torte mit Staubzucker bestreuen oder mit beliebiger Glasur glasieren.

Lebkuchen

Eier, Zucker und Honig gut abtreiben, mit Mehl und Gewürzen zu einem Teig kneten, über Nacht rasten lassen. 4 mm dick auswalken, beliebige Formen ausstechen, mit Ei bestreichen, mit Nüssen belegen und bei 180°C 15 Minuten backen.

- *30 dag Roggenmehl*
- *18 dag Rohzucker*
- *8 dag Honig*
- *2 Eier*
- *1 KL Natron*
- *1 Messerspitze Neugewürz*
- *1 Messerspitze Nelkenpulver*
- *1 Messerspitze Zimt*
- *1 Messerspitze Muskatnuß*
- *1 Ei zum Bestreichen*

Schneller Nußkuchen

Butter, Zucker, Dotter, Vanillezucker und Rum sehr schaumig rühren, Mehl mit Backpulver vermischen und abwechselnd mit dem steifgeschlagenen Schnee und den geriebenen Nüssen untermischen. Sollte der Teig zu fest sein, kann man etwas Milch beigeben. Den Teig auf ein befettetes, bemehltes Blech streichen und bei 180°C 30 Minuten backen.

Man kann den Teig auch mit Obst (Marillen, Kirschen, Zwetschken, Apfelspalten usw.) belegen.

- *25 dag Butter*
- *5 Eier*
- *25 dag Rohzucker*
- *20 dag Dinkelmehl*
- *10 dag Buchweizenmehl*
- *20 dag geriebene Walnüsse*
- *2 Pkg. Vanillezucker*
- *1 Pkg. Backpulver*
- *1 Schuß Rum*
- *eventuell etwas Milch*

Apfelbrot

- 1,5 *kg* Äpfel
- 50 *dag* Mehl
- 50 *dag* Weizen-vollkornmehl
- 30 *dag* Nüsse
- 30 *dag* Feigen
- 30 *dag* Rosinen
- 30 *dag* Honig
- 1 *gestr.* KL Zimt
- 1 Prise Salz
- 1 Pkg. Lebkuchengewürz
- 1 Pkg. Backpulver

Die grobgeraspelten Äpfel mit den Rosinen, Feigen, Gewürzen und Honig gut vermischen und über Nacht stehen lassen.
Mit dem mit Backpulver vermischten Mehl und den gehackten Nüssen zu einem Teig verkneten, in eine befettete und bemehlte Kastenform geben und 1,5 Stunden bei 180° C backen.

Dieses „Früchtebrot" ist sehr saftig und gut haltbar.

Marmeladeecken

- 40 *dag* Mehl
- 25 *dag* Butter
- 1 Pkg. Germ
- 4 EL Rum
- 8 EL Milch
- 2 EL Zucker
- säuerliche Marmelade

Alle Zutaten zu einem Teig verarbeiten und über Nacht kühl rasten lassen.
Den Teig auswalken, Quadrate schneiden, mit Marmelade füllen, übers Eck zusammenschlagen und bei 180°C ca. 20 Minuten backen. Noch warm mit Staubzucker bestreuen.

In einer Dose kann man dieses Gebäck sehr gut für längere Zeit aufbewahren.

Einfache Biskuitroulade

Eier mit dem Zucker sehr schaumig schlagen, Mehl, Vanillepudding und Backpulver vermischen und unter die Masse heben. Auf ein befettetes Butterpapier geben und bei 200°C 15 Minuten backen.
Diese Roulade kann nach Belieben gefüllt werden, z.B. mit Marmelade, Früchten, Creme oder mit geschlagenem Rahm.

- 6 Eier
- 10 EL Zucker
- 5 EL Mehl
- 1 Pkg. Vanillepudding
- 1 TL Backpulver

Schnelles Brotrezept

Alle Zutaten gut verrühren, in eine befettete Kastenform geben. Im Rohr bei 100°C 40 Minuten backen, dann bei 200°C noch 40 Minuten fertig backen.

Sehr gut schmecken auch Kürbiskerne oder Nüsse im Brot. Zum „Bemehlen" kann man auch Sesam oder Leinsamen verwenden.

- 25 dag glattes Mehl
- 1 kg Vollkornmehl (Roggen, Weizen)
- 2 Pkg. Trockengerm
- 2 EL Salz
- 2 EL Honig
- 2 EL Brotgewürz
- 1 l Milch-Wasser-Gemisch
- 2 EL Sonnenblumenkerne
- 1 EL Leinsamen

Flachgau - Salzburgs lieblicher Vorgarten

Daß die Festspielstadt Salzburg heute weltweit als einzigartig gilt-dazu hat ihre Umgebung wesentlich beigetragen: Der Flachgau als nördlichster Gau des Bundeslandes breitet sich vor der Landeshauptstadt aus. Mit seiner ungewöhnlichen landschaftlichen Vielfalt von schroffen Gebirgsstöcken über waldige Kuppen, blühende Wiesen, Felder und Obstbaumkulturen bis hin zu ausgedehnten Sumpfmooren, dazwischen eingebettet eine Vielzahl von Teichen und Seen präsentiert er uns auch eine landwirtschaftliche Vielfalt. Gemüseanbau rund um die Stadt Salzburg, Grünlandwirtschaft und dazwischen wieder Getreideanbau, Bauernhöfe mit alten Obstbäumen sorgen für Abwechslung nicht nur in der Landschaft sondern auch in unserem Speiseplan. Geselchtes, Zeltl, Walser Sauerkraut, Pofesen mit selbstgemachtem Schlegel, Fische, verschiedene Fleischspeisen, Milchspeisen und vor allem der spritzige Most, das ist typisch für den Flachgau. Wir haben für Sie Rezepte gesammelt, ausprobiert und laden Sie ein, mit diesen Ihre Familie zu verwöhnen.

Suppen & Vorspeisen

Zucchinisuppe

Nudelig geschnittene Zwiebel in Butter leicht anrösten, grob gewürfelte Zucchini beimengen, mit Suppe aufgießen, würzen und 20 Minuten leicht kochen lassen. Suppe mit dem Mixstab pürieren, mit Sauerrahm verfeinern. Zum Schluß kleinwürfelig geschnittenen Schinken untermengen. Mit Schnittlauch bestreut servieren.

Man kann auch eingefrorenen Zucchini verwenden.

- *40 dag Zucchini*
- *5 dag Butter*
- *1/2 Zwiebel*
- *1 l Suppe*
- *Petersilie, Liebstöckl*
- *Salz, Pfeffer*
- *Muskatnuß*
- *4 EL Sauerrahm*
- *15 dag Schinken*

Karottencremesuppe

Karotten putzen und blättrig schneiden, Zwiebel mit den Semmelbröseln goldgelb rösten und mit Suppe aufgießen. Karotten beimengen und 30 Minuten dünsten, mit dem Mixstab pürieren, mit Salz und Pfeffer würzen, verkochen lassen, mit Rahm binden.

- *25 dag Karotten*
- *5 dag Butter*
- *1 EL gehackte Zwiebel*
- *1 l Suppe*
- *2 EL Semmelbrösel*
- *1/8 l Rahm*
- *Salz, Pfeffer*

Tomatensuppe

- 60 *dag* vollreife Tomaten
- 1 Zwiebel
- 2 Knoblauchzehen
- 2 Salbeiblätter
- 1 *l* Wasser
- Salz
- Pfeffer
- Zucker
- 1 Zitronensaft
- 3 *dag* Butter
- 3 *dag* Mehl

Butter erhitzen, Mehl kurz anrösten, aufgießen, Tomaten würfelig schneiden und beigeben, 10 Minuten kochen lassen. Würfelig geschnittene Zwiebel anrösten, passierte Tomaten beimengen, würzen, Salbeiblätter fein hacken und unterrühren, Knoblauch beimengen, abschmecken und mit einem Tupfen Schlagrahm servieren.

Schinkenschöberl

- 2 Eier
- 4 *dag* Mehl
- 8 *dag* Schinken
- Salz

Eiklar mit dem Salz zu einem sehr steifen Schnee schlagen, Dotter, Mehl und feinwürfelig geschnittenen Schinken untermengen. Auf ein befettetes und bemehltes Blech streichen und bei 180°C ca. 20 Minuten backen. Ausgekühlt in Würfel oder Rauten schneiden.

Die Schöberl lassen sich ausgezeichnet einfrieren.

Herbstschüssel

Kraut feinnudelig schneiden, salzen und 1/2 Stunde stehen lassen. Äpfel mit der Schale blättrig schneiden, Paprika, Zwiebel und Schinken nudelig schneiden, mit dem Kraut mischen, marinieren und 1 Stunde im Kühlschrank durchziehen lassen.

1/2 Kopf Weißkraut
1 roter Apfel
20 dag Schinken
1 grüner Paprika
1 Zwiebel
Salz
Pfeffer
Essig
Öl
Kümmel
Knoblauch

Herrensalat

Alle Zutaten fein blättrig schneiden, marinieren und 2 Stunden gut ziehen lassen.

Dazu serviert man am besten Knoblauchbrot

60 dag gekochtes Rindfleisch
1 Zwiebel
1 Apfel
1/2 Salatgurke
1 grüner Paprika
1 roter Paprika
Marinade
Salz
Pfeffer
3 EL Öl
6 EL Essig
1 Stamperl Cognac
2 EL Ketchup

Damensalat

50 dag Schinken
1 Apfel
20 dag Naturemmentaler
1 Mandarine
2 Scheiben Ananas
Marinade
Salz
Pfeffer
2 EL Joghurt
2 EL Mayonnaise
3 EL Essig

Alle Zutaten kleinwürfelig schneiden, marinieren und mindestens 3 Stunden ziehen lassen.

Mit Vollkornweckerl serviert schmeckt dieser Salat ausgezeichnet.

Sauerkrautrohkost

50 dag Sauerkraut
2 Karotten
2 Äpfel
1 Zwiebel
1/4 l Joghurt
Salz
Kümmel
2 EL Milch

Joghurt mit Milch verdünnen und mit den Gewürzen schaumig rühren, mit dem Sauerkraut, den feingeriebenen Karotten und Äpfeln und der fein würfelig geschnittenen Zwiebel vermengen.

Diese Rohkost ist gut als Vorspeise geeignet.

Hauptspeisen

Panierter Camembert

Eier mit Salz und Pfeffer verquirlen, Käse in kleine Stücke schneiden, mit Mehl, Ei und Brösel panieren. Panierten Käse in heißem Fett backen.

Mit Zitronenscheiben, Preiselbeeren, Petersilkartoffeln und grünem Salat servieren.

- 40 *dag Camembert*
- *Salz, Pfeffer*
- 2 *Eier*
- 2 EL *Mehl*
- *Brösel nach Bedarf*
- *Fett zum Backen*

Spaghetti mit Thunfischsauce

Feingeschnittene Zwiebel anrösten, Knoblauch, gehackte Petersilie und enthäutete und gewürfelte Tomaten beifügen und 20 Minuten leicht köcheln lassen, mit Kapern, Basilikum, Salz, Pfeffer würzen, zerkleinerten Thunfisch beigeben und kurz aufkochen lassen. Spaghetti in Salzwasser kernig weich kochen, abtropfen lassen, anrichten, Sauce und Parmesan darübergeben.

Mit gemischtem Salat servieren.

- 40 *dag Spaghetti*
- 30 *dag Thunfisch*
- 5 *Tomaten,* 2 *Zwiebeln*
- 4 *Knoblauchzehen*
- 2 EL *gehackte Petersilie*
- 1 EL *Basilikum*
- 1 EL *Kapern*
- *Salz, Pfeffer*
- 4 EL *Öl*
- *geriebener Parmesan zum Bestreuen*

Porree-Sellerie-Auflauf

50 dag Stangensellerie
40 dag Porree
15 dag Schinken oder würzige Wurst
15 dag Naturemmentaler
Basilikum
Salz
Pfeffer
1 Joghurt
1 Ei
Gewürze

Porree und Stangensellerie waschen, putzen, in kleine Stücke schneiden und in Zitronen-Salzwasser weichkochen. Abseihen, abtropfen lassen. In der Zwischenzeit Schinken und Käse kleinwürfelig schneiden. Porree und Sellerie, Schinken, Käse, Gewürze vermischen, mit Salz und Pfeffer abschmecken, mit Joghurt und Ei vermischen, in eine befettete Auflaufform geben, bei 180-200°C ca. 40 Minuten backen.

Dazu passen Erdäpfel oder Brot.

Zucchiniauflauf

70 dag Zucchini
Knoblauch
Salz
Pfeffer
35 dag Faschiertes
3 EL Ketchup oder Tomatenmark
1 Zwiebel
20 dag Emmentaler
10 dag Champignons
10 dag Maiskörner
1/8 l Suppe oder Wasser

Zucchini in Scheiben schneiden. Würfelig geschnittene Zwiebel anrösten, blättrig geschnittene Champignons, Faschiertes beimengen, mit Ketchup, Salz und Pfeffer würzen, mit Suppe aufgießen, Maiskörner untermischen und 10 Minuten dünsten. Zucchinischeiben in eine befettete Auflaufform geben, würzen, 1/2 Faschiertes darauf verteilen, 1/3 des geriebenen Emmentalers dazugeben, Zucchini, das restliche Faschierte und Käse daraufgeben. Mit Zucchini abschließen. Im Rohr bei 200°C 40 Minuten backen. Nun den restlichen Käse daraufgeben und für 10 Minuten ins Rohr schieben.

Dies ist eine gute Gelegenheit, große Zucchini zu verwerten.

Gemüsestrudel mit Schnittlauchsauce

Mehl auf ein Brett geben, salzen, in der Mitte eine Vertiefung machen, Öl, Essig und Wasser beimengen und zu einem glatten Teig verarbeiten. Mit Öl bestreichen und 1/2 Stunde rasten lassen. Für die Fülle Gemüse zerkleinern und im Salzwasser bißfest kochen. Gemüsesud wird für die Sauce verwendet. Ein Drittel des Gemüses passieren, mit Rahm, Dotter, den Gewürzen und dem restl. Gemüse vermengen. Zum Schluß den steifgeschlagenen Schnee unterheben. Die Gemüsemasse auf den ausgezogenen Strudelteig streichen, einrollen, mit Butter oder Ei bestreichen und bei 180°C 30 Minuten backen.

Schnittlauchsauce:

Mehl kurz anrösten, mit Gemüsesud, Milch und Weißwein aufkochen, würzen und 5 Minuten köcheln lassen. Die Sauce passieren, im Mixer mit Crème fraîche aufschlagen, Schnittlauch untermengen.

Strudelteig:

20 dag glattes Mehl
1/8 l lauwarmes Wasser
1 EL Öl
1 EL Essig
Salz

Fülle:

1 kg geputztes Gemüse (Karotten, Karfiol, Sellerie, Bohnen, Kohlrabi, Brokkoli, Zucchini, ...)
1/8 l Rahm
3 Eier
Salz, Pfeffer
Muskatnuß, Knoblauch
gehackte Kräuter (Petersilie, Dill, Basilikum)

Schnittlauchsauce:

3 dag Weizenvollmehl
1/4 l Gemüsesud
1/2 l Milch
1/8 l Weißwein
3 EL Crème fraîche
5 EL Schnittlauch
Salz, Pfeffer

Fleisch-Käse-Strudel mit Kräutersauce

1 Pkg. Blätterteig (30 dag)
1 Zwiebel
40 dag Faschiertes
1 roter Paprika
1 grüner Paprika
3 EL Öl
2 TL Salz
Pfeffer
2 EL Ketchup
15 dag Emmentaler

Kräutersauce:

1 Becher Sauerrahm
2 EL Créme fraîche
Salz
4 EL gehackte Kräuter (Petersilie, Schnittlauch, Dill, Basilikum, Oregano...)
1 Knoblauchzehe

Zwiebel und Paprika kleinwürfelig schneiden und 10 Minuten in etwas Öl dünsten. Faschiertes mit Ei, Gewürzen und Ketchup vermischen, Zwiebel-Paprika-Mischung unterheben und 10 Minuten ziehen lassen. Die Masse auf den ausgerollten Blätterteig streichen, würfelig geschnittenen Käse darauf verteilen, einrollen und mit Ei bestreichen. Bei 200°C ca. 40 Minuten backen.

Kräutersauce:
Alle Zutaten gut verrühren, 1/2 Stunde ziehen lassen.

Emmentaler Kuchen

Mehl auf ein Brett geben, salzen, mit Butter abbröseln, mit dem Ei zu einen glatten Teig kneten und 1/2 Stunde rasten lassen. Blättrig geschnittene Champignons, in Streifen geschnittenen Paprika und kleinwürfelig geschnittene Zwiebel in Butter anschwitzen, würzen, in Sieb geben und gut abtropfen lassen. Inzwischen Mürbteig dünn auswalken, befettete Springform damit auslegen. Den Teigboden mit einer Gabel anstechen und im vorgeheizten Rohr bei 200°C 10 Minuten backen. Sauerrahm mit Eiern, Gemüsemischung, Rahm, 2/3 vom grob geriebenen Emmentaler, blättrig geschnittenen Speck gut verrühren und auf den vorgebackenen Mürbteigboden gießen, restlichen Emmentaler darüberstreuen, ins Rohr schieben und bei 180°C backen, bis die Fülle gut gestockt ist.

15 dag Mehl
8 dag Butter
1 Ei
1 Prise Salz
25 dag Natur-Emmentaler
15 dag Speck oder Schinken
5 dag Butter
1/4 Sauerrahm
2 Eier
15 dag Champignons
1 Zwiebel
1 grüner Paprika
Salz
Pfeffer
Muskatnuß
1 EL gehackte Petersilie

Überbackene Erdäpfel mit Käse

Erdäpfel kochen, schälen und in 1 cm dicke Scheiben schneiden, in eine Kasserolle schichten, mit Käse belegen und im Rohr 15 Minuten überbacken.

Dazu paßt ausgezeichnet grüner Salat.

6 große Erdäpfel
15 dag Österkron
15 dag Schaffrischkäse

Weinforelle

4 Forellen
Salz
Pfeffer
Zitronensaft
4 EL Kräuter (Petersilie, Basilikum, Dill, Rosmarin)
8 dag Butter
1/4 l Wein (Rosé)

Die küchenfertigen Forellen waschen, abtrocknen, innen und außen gut würzen und mit Kräutern einreiben. In Butter auf jeder Seite 5 Minuten braten, mit Wein aufgießen und unter einmaligem Wenden 8-10 Minuten (je nach Größe) fertigziehen lassen und sofort mit Petersilerdäpfel, grünem Salat und Oberskren servieren.

Hendl à la Irene

1 Wildhendl
Saft einer halben Zitrone
Salz
Pfeffer
Rosmarin
10 dag Speck
50 dag Karotten
30 dag Zwiebel
40 dag Erdäpfel
1 EL Öl

Das Wildhendl (vom Bauernhof) mit Zitronensaft und den Gewürzen einreiben, kurz von allen Seiten anbraten, in eine feuerfeste Form geben und im Rohr bei 200°C ca. 40 Minuten braten. Nach 20 Minuten geschnittenes und angeröstetes Gemüse beigeben und fertigbraten.

Bohneneintopf

Bohnen am Vortag in kaltem Wasser einweichen, nach etwa 12 Stunden ohne Salz kernigweich kochen. Würfelig geschnittene Zwiebel und Speck anrösten, das in kleine Würfel geschnittene Fleisch mitrösten, nudelig geschnittenen Paprika beifügen, würzen, mit Suppe oder Wasser aufgießen und dünsten. Tomate klein würfelig schneiden und zum Schluß mit den Bohnen untermischen, kurz mitkochen lassen. Abschmecken und servieren.

Dazu schmeckt selbstgebackenes Schwarzbrot sehr gut.

- 50 dag Schweinefleisch vom Schopf
- 50 dag weiße Bohnen
- 1 Zwiebel
- 1 roter Paprika
- 1 Tomate
- 1/4 l Suppe
- 10 dag Speck
- 1 EL Mehl zum Binden
- Salz
- Pfeffer
- Knoblauch
- Thymian
- Lorbeerblatt

Käserahmschnitzel

Schnitzel klopfen, mit Käse belegen, zusammenlegen und mit Zahnstocher befestigen, mit Mehl, Ei und geriebenen Käse panieren. Goldgelb backen und warmstellen. Den in der Pfanne verbliebenen Satz mit Mehl stauben, mit Rahm aufgießen und mit Käse abschmecken. Die Sauce über die Schnitzel gießen und servieren.

Dazu reicht man Petersilerdäpfel und Tomatensalat.

- 4 Kalbsschnitzel
- 8 Scheiben Emmentaler
- 1 Ei
- 15 dag Mehl
- 15 dag geriebener Käse
- 1/4 l Rahm
- Butter zum Braten

Bauernkoteletts

4 Koteletts mit Knochen
3 dag Mehl
Salz
Pfeffer
1 TL Kümmel
10 dag Sellerie
10 dag Karotten
10 dag Petersilienwurzel
10 dag Zwiebel
4 dag Essiggurkerln
4 dag Champignons
2 Knoblauchzehen
6 dag Öl

Koteletts klopfen, würzen, beidseitig in Mehl tauchen und anbraten. Koteletts aus der Pfanne nehmen und warmstellen. Würfelig geschnittene Zwiebel anrösten, stiftelig geschnittenes Wurzelwerk, blättrig geschnittene Champignons und Essiggurkerl beifügen, mit Wasser aufgießen, würzen, Fleisch einlegen und weichdünsten.

Flachgauer Mostbraten

80 dag ausgelöste Schweinsschulter
1/2 l Most
1/2 l Wasser
Salz
Pfeffer
Kümmel
Knoblauch
Rosmarin

Schwarte einschneiden, Fleisch mit den Gewürzen einreiben und im vorgeheiztem Rohr bei 180°C 1 Stunde braten, dabei öfter mit Most übergießen. Wenn der Braten durch ist (Probe mit dem Bratthermometer), herausnehmen und schneiden. Bratenrückstand mit Wasser aufgießen, kochen lassen und mit einem Mehlteigerl oder Crème fraîche binden.

Dazu passen ausgezeichnet Erdäpfelknödel und Speckbohnen.

Krenfleisch

Fleisch in einem Sud aus Wasser, Essig, Salz und den Gewürzen halbweich kochen, dann das nudelig geschnittene Wurzelwerk beimengen und fertig garen. Fleisch in Scheiben schneiden, auf eine Platte geben, Wurzelwerk darauf anrichten und mit frisch geriebenen Kren bestreuen.

80 dag Schweinsbauch
30 dag Wurzelwerk
1/2 Zwiebel
Salz, Pfefferkörner
1 Lorbeerblatt
2 Schuß Essig
12 dag Kren

Topfenrahmnockerl

Topfen, Joghurt, Zitronenschale und Staubzucker verrühren, Gelatine in Wasser einweichen und im heißen Zitronensaft auflösen, zur Topfenmasse geben und sehr gut verrühren. Zum Schluß steifgeschlagenen Rahm unterheben, einige Stunden kühlstellen. Erdbeeren mit Zucker pürieren, auf ein Teller geben, mit 2 Löffeln Topfennockerl formen und daraufgeben, mit Pfefferminz- oder Zitronenmelissenblatt garnieren.

30 dag Topfen
7 dag Staubzucker
1/8 l Joghurt - stichfest
1/4 l Rahm
6 Blatt Gelatine
Saft und Schale einer Zitrone
25 dag Erdbeeren
2 EL Zucker

Topfenbutterteig

Mehl salzen, mit Butter abbröseln, Topfen dazukneten und 1/2 Stunde kalt rasten lassen. Man kann auch sehr gut Weizen- oder Dinkelvollmehl verwenden.

25 dag Mehl
25 dag Butter
25 dag Topfen
1 Prise Salz

Der Topfenbutterteig kann vielseitig weiterverwendet werden: für Strudel, Frühlingsrollen, Filet im Teigmantel, usw.

Pikante Stangerl

- *Topfenbutterteig*
- *Salz*
- *Paprikapulver*
- *Kümmel*
- 20 *dag geriebener Käse*
- 1 *Ei*

Topfenbutterteig dünn auswalken, mit Ei bestreichen, mit Salz, Kümmel, etwas Paprika bestreuen, geriebenen Käse verteilen, in Stangerl schneiden, auf ein befettetes Blech geben und bei 200°C 15 Minuten backen.

Topfenwuchteln

- 50 *dag Mehl*
- *Salz*
- 5 *dag Zucker*
- 5 *dag Butter*
- 2 *dag Germ*
- 2 *Eier*
- 1/8 *l Milch*
- 15 *dag Butter*
- *Fülle*
- 5 *dag Butter*
- 5 *dag Zucker*
- 1 *Dotter*
- 30 *dag Topfen*
- *Rosinen nach Geschmack*

Mehl salzen, in eine Schüssel geben, in der Mitte eine Vertiefung machen, Germ einbröseln, mit lauwarmer Milch aufgießen und gehen lassen. Zerlassene Butter, Zucker, Eier und restliche Milch beimengen, gut abschlagen und an einem warmen Ort gehen lassen. Für die Fülle Butter, Zucker und Dotter schaumig rühren, Topfen und Rosinen beimengen. Germteig mit dem Löffel portionieren, schleifen, mit der Handfläche auseinanderdrücken, füllen, zusammendrehen.
In einer Kasserolle Butter zergehen lassen, die Wuchteln eintauchen und einschlichten, bei 180°C ca. 30 Minuten backen.

Suppentopf „Ilse“

Rindfleisch in das kochende Wasser geben, nach der halben Garzeit das Hühnerfleisch und das Gemüse beigeben. Suppennudeln kochen, in die Suppenschüssel geben, das Fleisch in kleine Stücke schneiden, Gemüse zerkleinern und ebenfalls in den Suppentopf geben, mit Schnittlauch bestreuen und mit heißer Rindsuppe übergießen.

Mit Bauernbrot servieren.

50 dag Rindfleisch
30 dag Hühnerfleisch
1 Lauch
1/2 Sellerieknolle
2 Karotten
1 Petersilienwurzel
15 dag Karfiol
1 Zwiebel
1 Kohlrabi
3 EL Erbsen
Salz, Pfefferkörner
Muskatblüte, Knoblauch
10 dag Suppennudeln
Schnittlauch
Lorbeerblatt

Erdbeerknödel

Butter, Salz und Ei abtreiben, Topfen und Grieß einrühren. Zum Schluß das Mehl einarbeiten. Den Teig eine halbe Stunde rasten lassen.
Die gewaschenen Erdbeeren mit Teig umhüllen, Knödel formen und im Salzwasser 10 Minuten ziehen lassen.

Mit Butterbrösel und einem Glas Milch servieren.

7 dag Butter
1 Ei
Salz
1 EL Grieß
25 dag Topfen
25 dag Mehl

Lachsforelle im Kräutermantel

- *1 Zitrone*
- *4 Lachsforellenfilets*
- *Salz*
- *Pfeffer*
- *1 kg Erdäpfel*
- *1 Bund Petersilie*
- *1 Bund Schnittlauch*
- *Salz*
- *Pfeffer*
- *2 Eiklar*
- *2 Zwiebeln*
- *8 dag Butter*
- *1/8 l Weißwein*

Lachsforellenfilets mit Zitronensaft beträufeln und mit Salz und Pfeffer würzen. Erdäpfel in Salzwasser kochen und auskühlen lassen.
Kräuter mit Mixer zerkleinern, Erdäpfel beimengen und zerkleinern, abschmecken. Eiklar steif schlagen und unter die Erdäpfelmasse heben.
Eine Auflaufform befetten, kleingehackte Zwiebeln in die Form geben, die Lachsforellenfilets drauflegen und mit der Erdäpfel-Kräutermasse bestreichen. Mit flüssiger Butter und Wein begießen. Den Fisch 30 Minuten bei 200°C backen.

Rahmstrudel

- *20 dag Mehl*
- *Salz*
- *1/8 l Wasser*
- *1 EL Öl*
- *1 kg säuerliche Äpfel*
- *Zucker nach Geschmack*
- *1 EL Zimt*
- *1/4 l Rahm*

Mehl mit dem Salz vermischen, in der Mitte eine Vertiefung machen, mit Öl und Wasser zu einem weichen Teig verarbeiten und eine halbe Stunde rasten lassen.
Den Teig in 6 Teile teilen, dünn ausziehen, mit Äpfel belegen, Zucker und Zimt darüberstreuen, zusammenrollen.
Die Strudel in eine Auflaufform geben, mit 2 EL Zucker bestreuen und mit Rahm übergießen. Im Rohr bei 180°C 30 Minuten backen.

Dieses Gericht ist sehr ausgiebig und wird daher als Hauptgericht gegessen.

Nachspeisen

Apfel-Nußkranz

Butter, Zucker, Dotter und Vanillezucker schaumig rühren, grob geriebene Äpfel, geriebene Schokolade, gehackte Nüsse untermengen. Zum Schluß das mit Backpulver vermischte Mehl abwechselnd mit dem steifgeschlagenen Schnee unterheben. In eine befettete und bemehlte Kranzform geben und 1 Stunde bei 190°C backen.

- 25 dag Butter
- 18 dag Zucker
- 5 Eier
- Vanillezucker
- 2 Äpfel
- 10 dag Schokolade
- 12 dag Nüsse
- 25 dag Mehl
- 1 Pkg. Backpulver

Grammelkuchen

Butter, Zucker und Ei abtreiben, Grammeln und das mit Backpulver vermischte Mehl untermengen und zu einem glatten Teig verarbeiten. 2/3 des Teiges auf ein befettetes, bemehltes Blech geben, mit Marmelade bestreichen. Mit dem Rest des Teiges ein Gitter machen, bei 200°C 20 Minuten backen.

- 20 dag Grammeln
- 5 dag Butter
- 10 dag Zucker
- 1 Ei
- 20 dag Mehl
- 1/2 Pkg. Backpulver
- Zimt
- Nelken

Grammeltascherl

40 dag Mehl
Salz
1 Pkg. Backpulver
2 Eier
15 dag Staubzucker
25 dag faschierte Grammeln
1 EL Sauerrahm

Mehl, Backpulver, Salz, Staubzucker vermischen, feingehackte Grammeln untermengen, mit Ei und Sauerrahm zu einem glatten Teig verarbeiten, den man 1/4 Stunde rasten lassen soll.
Auf einem bemehlten Brett auswalken, Vierecke schneiden, mit einer säuerlichen Marmelade (z.B. Ribisel oder Vogelbeer) belegen, zusammenlegen und bei 200°C 20 Minuten backen.

Zucchinikuchen

3 Becher Zucker
3 Eier
2 KL Zimt
3 Becher Mehl
1 Becher Nüsse
1 KL Backpulver
1 KL Natron
1 Becher Öl
1 Becher Wasser
3 Becher grob geraspelte Zucchini

Eier, Zucker, Vanillezucker, Zimt sehr schaumig rühren, Nüsse und Mehl mit dem Backpulver und Natron vermengen und einrühren. Zum Schluß grob geraspelten Zucchini, Öl und Wasser vorsichtig einrühren. Auf ein befettetes, bemehltes Blech geben, bei 180°C 30 Minuten backen. Mit Ribiselgelee bestreichen und mit Schokoladeglasur überziehen.

Abbildungen auf den folgenden vier Seiten:

Andreas Schnecken (Rezept auf Seite 42)
Verschiedene Brote im Körberl (Rezepte auf den Seiten 64 und 65)
Verschiedene Liköre (Rezepte auf den Seiten 152 bis 154)
Geschenkskorb mit bäuerlichen Spezialitäten

Hollerlikör
Heidelbeer=
likör
Kräuterlikör
Eierlikör

Vorratshaltung

Auf den Bauernhöfen hatte die Bevorratung der Lebensmittel schon immer einen großen Stellenwert - waren doch früher eine Großfamilie und das Gesinde zu versorgen. Der Großteil der Bauernhöfe war Selbstversorger. Nur Schmalz, Zucker und Mehl wurden zugekauft. Sauerkrautkübel, in denen das Kraut im wahrsten Sinne des Wortes „eingetreten" wurde, waren keine Seltenheit. Truhen mit Dörrobst wurden versperrt im Dachboden gehortet. Für Fleisch gab es nur das Selchen und die Verwendung als Knödelfleisch. Kräuter und Heilpflanzen wurden für den Winter getrocknet. Getrocknete Pilze verfeinerten im Winter oft Saucen oder Suppen. Das Obst wurde nicht nur zu Schnaps verwertet. Es gab auch verschiedene Kräuteransätze und Auszüge, die für Einreibungen oder als Medizin für das Vieh verwendet wurden. Marmeladen wurden mit wenig Zucker - dieser war teuer - eingekocht.
Man half sich mit dem Mischen verschiedener Obstarten - so bekam man auch eine süße Köstlichkeit. Obst und Gemüse wurde im Erdkeller gelagert und blieb so beinahe den ganzen Winter über frisch. Rote Rüben, Bohnen oder Sauerkraut kamen als Voressen oder Vorricht auf den Tisch. Brot, auch das Brot für die Knödel, wurde in großen Holzbacköfen gebacken. Bei diesen großen Mengen gab es freilich nicht immer frisches Brot. Heute erleichtert uns die Tiefkühltruhe - für viele ein nicht mehr wegzudenkendes Gerät - unsere Vorratshaltung. Trotzdem erlebt die Bevorratung der Lebensmittel bzw. die Erzeugung von besonderen Spezialitäten wieder eine Renaissance. Wir haben für Sie Rezepte gesammelt und ausprobiert.

Lungauer Bratwürste

Fleisch faschieren, würzen, Suppe dazugießen und 10 Minuten sehr gut verkneten. Mit dem Fleischwolf in die Därme (Naturdarm) füllen, abbinden. Ins kochende Wasser legen und 15 Minuten ziehen lassen.

Mit *Erdäpfelgröstl, Sauerkraut und geriebenem Kren servieren.*

- *3 kg mageres Schweinefleisch*
- *1 kg fettes Schweinefleisch oder Speck*
- *Salz*
- *Pfeffer*
- *viel Knoblauch*
- *Majoran*
- *1/2 EL zerkleinerte Wacholderbeeren*
- *ca. 1/2 l Suppe*
- *Därme*

Julies Knoblauchtopf

Knoblauch schälen und mit dem Gemisch der Zutaten 3 Minuten aufkochen. 24 Stunden im geschlossenen Topf stehen lassen, dann nochmals 5 Minuten aufkochen, erkalten lassen und in kleine Gläser füllen, mit Öl abdecken und verschließen.

Schmeckt gut zu einer Jause.

- *1 kg Knoblauch*
- *1/2 l Weinessig*
- *1/2 l Weißwein*
- *2 Pfefferoni, fein geschnitten*
- *1 Zweig Thymian*
- *1 Zweig Rosmarin*
- *2 Lorbeerblätter*
- *1 TL weiße Pfefferkörner*
- *7,5 dag Zucker*
- *2 TL Salz*

Russenkraut

5 grüne Paprika
5 rote Paprika
50 dag grüne Tomaten
1 große Zwiebel
1/2 Krautkopf
1 große Karotte
1 1/2 EL Salz
3/8 l Weinessig
1/2 l Wasser
3 Lorbeerblätter
2 Stück Würfelzucker

Gemüse waschen, putzen und nudelig schneiden, gut mit dem Salz vermischen und über Nacht kühlstellen. Aus Essig, Wasser und Gewürzen einen Sud bereiten, das ausgedrückte Gemüse dazugeben, kurz aufwallen lassen. Gemüse in Gläser füllen, gut andrücken, mit der Flüssigkeit übergießen, 1 EL Öl daraufgeben und die Gläser verschließen. Kühl lagern.

Das Russenkraut ist auch gut als Salat geeignet.

Mixed Pickles

20 dag Karfiol
20 dag Sellerie
20 dag Karotten
10 dag Perlzwieberl
1/2 l Weinessig
1/8 l Wassser
1 Lorbeerblatt
Senfkörner
1 TL Zucker

Gemüse waschen und putzen. Karfiol in Röschen und die übrigen Gemüse in Streifen schneiden. Sortenweise blanchieren und bunt gemischt in die vorbereiteten Gläser schichten. Aus Essig, Wasser und Gewürzen einen Sud bereiten und heiß über das Gemüse gießen, bis es bedeckt ist.
Zum Schluß Krenscheiben auf das Gemüse legen und die Gläser noch heiß verschließen.

Zwetschkenröster

Die gewaschenen Zwetschken werden halbiert, entkernt und so lange gekocht bis die Haut runzelig ist. Nun setzt man Zucker und Zimt zu und kocht bis der Saft klar ist (ca. 10 Minuten). Dieser Fruchtbrei wird in Gläser gefüllt, verschlossen und 10 Minuten bei 75°C sterilisiert.

2 kg vollreife Zwetschken
30 dag Zucker
1 Messerspitze Zimt

Vierfruchtmarmelade

Schwarze Ribisel in ganz wenig Wasser kochen bis sie weich sind, dann die restlichen Beeren beimengen, 10 Minuten kochen. Zucker hinzufügen, 10 Minuten kochen lassen, Schaum abschöpfen, heiß in Gläser füllen.

25 dag schwarze Ribisel
25 dag rote Ribisel
25 dag Himbeeren
25 dag Erdbeeren
70 dag Zucker

Apfel-Brombeer-Marmelade

Äpfel schälen, Kerngehäuse entfernen, blättrig schneiden, mit den Brombeeren vermischen, aufkochen, Zucker beimengen, 2 Minuten aufkochen, Geliermittel nach Gebrauchsanweisung beimengen, einmal aufwallen lassen, heiß in Gläser füllen und verschließen.

1 kg Brombeeren
1 kg Äpfel
1 1/2 kg Zucker
flüssiges Geliermittel

Vogelbeermarmelade

- 2 *kg* Vogelbeeren
- 1 *kg* Zucker

Die gewaschenen Beeren entstielen und weichdämpfen, passieren. Diesen Fruchtbrei 15 Minuten kochen, Zucker beimengen, abschäumen, heiß in Gläser füllen. Ergibt eine säuerliche, vitaminreiche Marmelade, die auch gut zu Fleisch paßt.

Erdbeer-Rhabarber-Marmelade

- 75 *dag* Erdbeeren
- 25 *dag* Rhabarber
- 0,7 *kg* Gelierzucker
- 1 Zitrone
- 1 Messerspitze gemahlener Ingwer

Erdbeeren waschen, mit einer Gabel zerdrücken, mit Zucker vermischen, über Nacht in den Kühlschrank stellen, den geschälten Rhabarber in dünne Scheiben schneiden. Alles zusammen 5 Minuten sprudelnd kochen lassen, heiß in Gläser füllen und luftdicht verschließen.

Brombeergelee

- 1 *l* Brombeersaft
- Saft von 2 Zitronen
- 1 *kg* Gelierzucker oder
- 50 *dag* Zucker und
- 1 Pkg Gelierhilfe

Brombeersaft, Zitronensaft und Zucker mischen, zum Kochen bringen unter Abschäumen ca. 5 Minuten kochen.
Nach der Gelierprobe sofort einfüllen.

Kürbismarmelade

2,5 kg Speisekürbis
75 dag Zucker
10 EL Essig

Der geschälte Kürbis wird von den Kernen und dem Mark befreit, in kleine Stücke geschnitten und mit wenig Wasser gekocht, passiert und mit dem Zucker eingekocht. Zum Schluß gibt man den Essig dazu.

Man kann das Kürbisfleisch auch durch den Fleischwolf drehen.

Holler-Apfel-Gelee

2 1/2 kg Falläpfel
1 kg Hollerbeeren
1/4 l Rotwein
auf 1/2 l Saft 40 dag Zucker

Falläpfel waschen, mit der Schale in Stücke schneiden, Hollerbeeren dazugeben, mit Wasser bedecken. Solange kochen bis alles breiig verkocht ist. Rotwein dazugeben, in ein Passiertuch gießen, über Nacht durchtropfen lassen. Auf 1/2 l Saft 40 dag Zucker nehmen, zu Gelee eindicken.

Heidelbeersaft - kalt angesetzt

7 kg Beeren
3 l Wasser abgekocht
10 dag Zitronensäure
5 kg Zucker

Beeren mit Wasser 24 Stunden stehen lassen, dann abseihen. Zucker und Zitronensäure beimengen, nochmals 24 Stunden stehen lassen, abfüllen. Auch andere Beerensäfte kann man so herstellen.

Von den Früchten kann man noch eine Marmelade bereiten.

Hollerwein

3 l schwarze Hollerbeeren
7,5 l Wasser
2,25 kg Zucker
5 dag Germ
2 Brotscheiben

Holler und Wasser aufkochen, abseihen und leicht ausdrücken. Den Saft mit dem Zucker aufkochen und erkalten lassen. Germ zwischen zwei Brotscheiben streichen, in den Saft geben und 24 Stunden warm stehen lassen.
In große Gläser abfüllen und 4 Wochen stehen lassen. Nun in Flaschen abfüllen und korken.

Dieser Wein eignet sich sehr gut als Glühwein.

Hollersaft

2 l Wasser
4 kg Zucker
18-20 Hollerblüten
10 dag Zitronensäure
3 Zitronen

Wasser und Zucker aufkochen und auskühlen lassen. Hollerblüten, Zitronensäure und in Scheiben geschnittene Zitronen beimengen. 3 Tage kühl stehen lassen, abseihen, in Flaschen füllen.

Mit Mineralwasser verdünnt ergibt dieser Saft ein sehr erfrischendes Getränk.

Hollerlikör

1 l Hollerbeeren
3/4 l Wasser
Zitronenschale
4 Nelken
1 Vanilleschote
50 dag Zucker
1 Zimtstange
1/4 l - 1/2 l Weingeist

Die Beeren mit dem Wasser 30 Minuten kochen, durch ein Tuch pressen, mit den Gewürzen mischen. Diese Lösung mit dem Zucker 1/4 Stunde kochen, kalt stellen, mit dem 96%igen Weingeist mischen.

Je länger der fertige Likör lagert, umso besser schmeckt er.

Ribisellikör

Die Beeren waschen, abtropfen lassen mit dem Kandis und der in Stücke geschnittenen Vanilleschote in eine Flasche füllen. Den Schnaps dazugießen und das Ganze zugekorkt ca. 8 Wochen an der Sonne stehen lassen. Öfters einmal schwenken. Danach den Likör filtern, in Flaschen abfüllen und noch einige Wochen im kühlen Keller ruhen lassen.

Nach demselben Rezept bereitet man auch Likör aus Brombeeren, Himbeeren, Erdbeeren, Kirschen, Heidelbeeren.

- 15 *dag schwarze Ribisel (vorbereitet gewogen)*
- 15 *dag weißen Kandiszucker*
- 1 *Vanillestange*
- 0,7 *l Korn oder schwacher Obstler*

Eierlikör

Dotter, Rahm, Staubzucker und Vanillezucker vermischen, aufwärmen aber nicht kochen - abkühlen.
Zum Schluß mit Alkohol vermischen.

- 8 *Dotter*
- 1 *l Rahm*
- 20 *dag Staubzucker*
- 1 *Pkg. Vanillezucker*
- 1/4 *l Alkohol (Weinbrand oder Weingeist)*

Hagebuttenlikör

1 l Hagebutten
50 dag Kandiszucker
3 l Korn oder Obstler

Sehr reife Hagebutten der Länge nach aufschneiden, mit dem Zucker vermengen und in ein großes Glas geben. Mit Obstler oder Korn übergießen, verschließen und an die Sonne oder an einen warmen Ort stellen. Jeden Tag das Glas schütteln oder aufrühren. Nach 10 Tagen, wenn sich der Zucker gut aufgelöst hat, den Likör abseihen und noch einige Tage „reifen" lassen.

Rotweinlikör

1 l Rotwein
1/4 l Rum
1/8 l Cognac
1 Vanillezucker
8 dag Staubzucker

Alle Zutaten in eine Flasche geben und schütteln, bis sich der Zucker aufgelöst hat. Dieser Likör muß nicht reifen und kann daher gleich serviert werden.

Den Likör vor dem Servieren erwärmen und mit einem Tupfen Schlag und Zimt servieren.

Arnikaschnaps

Arnikablütenblätter in ein Glas geben, mit Schnaps übergießen und an die Sonne stellen. Nach 4 Wochen abseihen, abfüllen und entsprechend beschriften. Anstelle von Obstler kann man auch Vorlauf verwenden - dieser muß allerdings verdünnt werden!

Arnikaschnaps wird zum Einreiben bei Prellungen verwendet.

- *1 l Obstler*
- *1 Hand voll Arnikablütenblätter*

Liebstöcklschnaps

Liebstöcklblätter ohne Stiele einen Tag welken lassen. In ein Glas geben, mit Schnaps übergießen, gut verschließen und an einem warmen Ort aufstellen. Nach 4 Wochen abseihen, in Flaschen füllen und dunkel lagern.

Ist ein gutes Verdauungsschnapserl.

- *6 dag Liebstöcklblätter (Maggikraut)*
- *1 l Obstler oder Kornschnaps*

Würziger Kräuteressig

Frische Kräuter zusammen mit Knoblauch und Zwiebel in ein Glas geben, mit Essig auffüllen.
Nach 3-4 Wochen abseihen und abfüllen.

- *1 l Apfelessig*
- *2 Knoblauchzehen*
- *1 EL Pfefferkörner*
- *1 Zweig Dill*
- *1 Zweig Basilikum*
- *1 Zweig Estragon*
- *1 Blatt Zitronenmelisse*
- *1 kleines Blatt Liebstöckl*
- *1/2 Zwiebel*

Suppenwürze

- 1 *kg Karotten*
- 1 *kg Petersilwurzel*
- 1 *kg Zwiebel*
- 50 *dag Sellerie*
- 40 *dag Kohlrabi*
- 1 *kg Salz*

Das Gemüse feinreiben, mit 1 kg Salz vermengen, in Gläser füllen, verschließen und kühl lagern.
Dies verwendet man als Würze für Suppen, Saucen aber auch für Braten.

Hustentee

- 1 *l Wasser*
- 1 *würfelig geschnittene Zwiebel*
- 1TL *Thymian*
- 2 EL *Kandiszucker*

Alle Zutaten 10 Minuten kochen und noch warm trinken.

Hustensirup

Schwarzen Rettich aushöhlen, mit Kandiszucker füllen, auf ein Gefäß stellen damit der Saft abfließen kann.
Mehrmals täglich ein Löfferl von diesem Hustensaft nehmen.

Anhang

Wußten Sie schon, daß ...

- Sauerkraut und Erdäpfel unsere wichtigsten Vitamin C-Spender im Winter sind.
- Milch mehr als ein Getränk ist? Sie enthält viele wichtige Nährstoffe, Vitamine und Mineralstoffe und ist daher ein wichtiges Lebensmittel für unsere Gesundheit.
- man Honig auch einfrieren kann?
- man Saucen mit einem geriebenen rohen Erdäpfel binden kann?
- ein Bratthermometer ein wichtiges Küchengerät ist? Sie werden nie mehr einen zähen oder trockenen Braten haben. Sie kontrollieren die Kerntemperatur und stellen fest, ob das Fleisch durch ist.
- man mit Topfen Faschiertes verfeinern kann? Das Faschierte wird locker und bleibt saftig. 20 dag Faschiertes und 1 EL Topfen vermischen.
- Nudeln nicht kleben, wenn man beim Kochen 1-2 EL Öl ins Wasser gibt?
- Fleisch und Innereien wichtige Vitaminlieferanten sind?
- man Salat bereits vor dem Essen genießen soll? So ist zum einen der größte Hunger gestillt und zum zweiten werden die Vitamine besser ausgewertet.
- Vitamin A (und die Vorstufe Karotin) ein fettlösliches Vitamin ist? Das heißt: immer Fett (z.B. Joghurt, Rahm, Öl, Crème fraîche) beimengen.
- Vitamin C wasserlöslich ist? Daher Salate, Erdäpfel, Äpfel nicht im Wasser liegen lassen.
- Gewürzkräuter nicht nur „Farbe" in unser Essen bringen, sondern auch die Verdauungssäfte anregen?
- Milchprodukte kühl und dunkel gelagert werden sollen.

Wegweiser zu Produkten von Salzburger Bauern

GRÜNE BÖRSE
Frisches vom Bauernhof

Sie wollen wissen, wo Sie am Bauernhof einkaufen können, wann und wo es einen Bauernmarkt gibt, was Naturbeef heißt, wo es Biobauern gibt, wo Sie frisches Gemüse ernten können ...?

Rufen Sie uns an, Tel. Nr. 0662/870571-DW78.

Von uns erfahren Sie

- Adressen von Bauern, die ab Hof verkaufen
- Ort und Zeit von Bauernmärkten
- wo Sie saisonale Angebote (z.B. Wild) bekommen
- wo Sie Geschenkskörbe in verschiedenen Größen und Preisklassen kaufen können.

Wir gehen auf Ihre Wünsche ein - mögen sie noch so ausgefallen sein. Wir sagen Ihnen, wo Sie die Zutaten für Ihre spezielle Speise bekommen. Die Vielfalt, der von Bäuerinnen und Bauern am Hof erzeugten Spezialitäten ist groß. Neben Käse, Speck, Brot, Butter, Fleisch, Schnaps gibt es süße Köstlichkeiten wie Krapfen, Pofesen, Strauben aber auch Eingelegtes, Marmelade, Liköre, Schaf- und Ziegenmilchprodukte, Wildspezialitäten, geräuchertes Rindfleisch, und viele andere Spezialitäten werden mit Liebe erzeugt und ab Hof oder auf Bauernmärkten verkauft. Besuchen Sie unsere Ab-Hof-Verkäufer oder einen der 35 Bäuernmärkte im Land.

Ein Brucker Land- und Gastwirt will die Tradition beleben

Die Pferde des „Zacherlwirts" werden in Almhaltung, streßfrei, also biologisch, mit Stutenmilch aufgezogen. Auch die Schlachtung erfolgt möglichst schonend für das Tier.
Was immer vergessen wird: Bereits jetzt werden jährlich rund 3000 der heimischen Fohlen geschlachtet, allerdings nicht bei uns, sondern nach einem langen, qualvollen Transport in Italien.
Auch bei uns im Pinzgau werden ca. 80% der Hengst- bzw. 40% der Stutfohlen für den Schlachtmarkt verkauft. Warum sollen unsere Fohlen unter tierquälerischen Bedingungen ins Ausland verkauft werden, wenn man sie auch hier vermarkten kann; was den Tieren weniger Streß und unseren Bauern eine zusätzliche Einnahmequelle bringt.
Dabei ist das Fleisch der Rösser - und hier vorallem der Fohlen - eines der gesündesten überhaupt.
Schaut man sich nur die Kalorien der einzelnen Fleischsorten an, so liegt das Fohlenfleisch mit 107 kcal am unteren Ende, gefolgt vom Rehfleisch (124), Kaninchen (159), Lammfleisch (165) oder Kalb (190).
Truthahn hat 238 und Schweinefleisch sogar 258 Kalorien pro 100 g eßbarem Anteil. Dies laut einem amtlichen Untersuchungszeugnis der Bundesanstalt für Lebensmitteluntersuchung in Salzburg; und unter anderem laut Lebensmitteltabellen der Veterinärmedizinischen Universität Wien.
Der Genuß von Rostbraten oder Gulasch vom Pferd ist daher gesünder als der anderer Fleischsorten. Außerdem läßt sich das Pferd nicht chemisch füttern oder mästen.

Wußten Sie schon, daß ...

- Österreich jährlich 450 Tonnen Pferde- und Fohlenfleisch aus Italien und den Ostblockländern importiert
- es ebenso eine Tatsache ist, daß Pferde schon vor mehr als 3.000 Jahren als Nahrungsmittel dienten, bevor sie als Arbeitstier oder als Reitpferde verwendet wurden
- nicht alle Haustiere, die in einem Stall zur Welt kommen, erwachsen werden; nicht jedes geworfene Fohlen kann aufgezogen werden.
- Pferde- bzw. Fohlenfleisch zur Therapie bei Blutkrankheiten eingesetzt werden kann (wirkt blutreinigend)

Für ernährungsbewußte Gourmets ein Rezept zum Ausprobieren:

Salzburger Bierfleisch (für 4 Personen)

800 g Rösslfleisch aus der Schulter, würfelig geschnitten
2 Stück fein geschnittene Zwiebeln
1/2 l Dunkles Malzbier
8 Kirschtomaten
1 EL Tomatenmark
1 EL Mehl zum Binden
etwas Pflanzenöl zum Anbraten
1/4 l kaltes Wasser
Salz, Pfeffer, Thymian
Lorbeerblätter, Estragonsenf, Senfkörner, Koriander, Liebstöckl
1/2 Zitrone
Porree, Petersiliengrün
1 Knoblauchzehe und verschiedene Gartenkräuter zum Garnieren

Wurzelgemüse:

2 geschälte Karotten
1 geschälte Sellerie

Das Fleisch vor dem Anbraten salzen und pfeffern, dann dunkel anrösten, die feingeschnittenen Zwiebeln ebenfalls dunkel anrösten, dann das fein nudelig geschnittene Wurzelgemüse dazugeben und weiterrösten, tomatisieren und mit dem Wasser ablöschen. Das sehr dunkel geröstete Fleisch nun mit Malzbier aufgießen, den Zwiebel und das Gemüse dazugeben, alle Gewürze beigeben und fertig dünsten (Garzeit ca. 1 Stunde). Das Fleisch nicht anstechen, wenn nötig, die Sauce mit Mehl binden, nochmals abschmecken, dann anrichten.
Die kleinen Tomaten anrösten und mit den verschiedenen Gartenkräutern garnieren.
Als Beilage empfehle ich Ihnen Nockerl oder Semmelknödel.

Gutes Gelingen wünscht
Ihr Land- und Gastwirt

Thomas Huber
Gasthof „Zacherl-Bräuwirt"
Glockner Straße, A-5671 Bruck
Tel. 06545/242

Eigene Rezepte:

Eigene Rezepte:

Eigene Rezepte:

Speisenverzeichnis

Suppen & Vorspeisen

Hauptspeisen

Nachspeisen

Vorratshaltung

Alphabetisches Rezeptverzeichnis

A

B

C

D

E

F

G

H

I/J

K

L

M

N

O

P

R

S

T

V

W

Z